中华人民共和国行业标准

公路勘测规范

Specifications for Highway Reconnaissance

JTG C10—2007

主编单位：中交第一公路勘察设计研究院

批准部门：中华人民共和国交通部

实施日期：2007 年 07 月 01 日

人民交通出版社

图书在版编目（ＣＩＰ）数据

公路勘测规范:JTG C10—2007/中交第一公路勘
察设计研究院主编.—北京:人民交通出版社,2007.6
ISBN 978-7-114-06570-5

Ⅰ.公… Ⅱ.中… Ⅲ.①道路工程—设计—规范—中国
②道路测量—规范—中国 Ⅳ.U412-65

中国版本图书馆 CIP 数据核字（2007）第 073133 号

中华人民共和国行业标准

公路勘测规范

JTG C10—2007

中交第一公路勘察设计研究院　主编

人民交通出版社出版发行

（100011　北京市朝阳区安定门外外馆斜街 3 号）

各地新华书店经销

北京市密东印刷有限公司印刷

开本：880×1230　1/16　印张：6.5　字数：133 千

2007 年 6 月　第 1 版

2025 年 4 月　第 14 次印刷

定价：40.00 元

ISBN 978-7-114-06570-5

中华人民共和国交通部公告

2007 年第 15 号

关于发布《公路勘测规范》
（JTG C10—2007）的公告

现发布《公路勘测规范》（JTG C10—2007），自 2007 年 7 月 1 日起施行，原《公路路线勘测规程》（JTJ 061—85）、《公路勘测规范》（JTJ 061—99）、《公路桥位勘测规程》（JTJ 062—91）、《公路隧道勘测规程》（JTJ 063—85）、《公路摄影测量规范》（JTJ 065—97）和《公路全球定位系统（GPS）测量规范》（JTJ/T 066—98）同时废止。

《公路勘测规范》（JTG C10—2007）的管理权和解释权归交通部，日常解释及管理工作由编制单位中交第一公路勘察设计研究院负责。请各有关单位在实践中注意总结经验，执行中有何问题，请函告中交第一公路勘察设计研究院，以便修订时研用。

特此公告。

中华人民共和国交通部
二〇〇七年四月十三日

主题词：发布　公路　规范　公告

交通部办公厅　　　　　　　　　　　　　　　　2007 年 4 月 18 日印发

前　　言

根据交通部办公厅《关于下达 2002 年度公路工程标准制修订项目计划的通知》（厅公路字［2002］220 号）要求，由中交第一公路勘察设计研究院主持并成立修编组，对《公路勘测规范》（JTJ 061—99）、《公路摄影测量规范》（JTJ 065—97）及《公路全球定位系统（GPS）测量规范》（JTJ/T 066—98）进行修编，并合并为《公路勘测规范》。《公路勘测规范》为行业标准，主要内容有勘测规定、作业精度要求等，具体作业方法、过程规定等内容纳入《公路勘测细则》。

修编组在完成编制大纲的基础上，对公路勘测的现状、发展以及原三本规范的使用情况进行了调研，广泛收集、参阅了有关资料。

本次修编在分析、研究并吸取了原三本规范成功经验的基础上，力求提高规范的严密性、作业过程的可控制性，吸收了近年来发展的适宜于公路勘测的新技术和新方法，同时删除了部分已不适用的内容。

本次修编的《公路勘测规范》共分十章，分别为：总则、术语、测量标志与测量记录、控制测量、地形图测绘、航空摄影测量、数字地面模型、初测、定测和一次定测。

主 编 单 位：中交第一公路勘察设计研究院
参 编 单 位：中交第二公路勘察设计研究院
　　　　　　　吉林省公路勘测设计院
　　　　　　　湖南省交通规划勘察设计院
　　　　　　　江苏省交通规划设计院
　　　　　　　武汉大学
主要起草人：黄文元　汪双杰　党建军　王守彬
　　　　　　　彭建国　胡　珊　贾康权　严治河
　　　　　　　罗满良　杨厚波　单永森　王新洲

目　录

1　总则

1.0.1　为统一公路勘测的技术要求,提高公路勘测水平和质量,制定本规范。

1.0.2　本规范适用于各等级公路项目设计阶段的勘测。

1.0.3　各设计阶段当进行同等深度方案比较时,应进行同等深度勘测。

1.0.4　公路勘测当采用新技术和新方法时,应满足本规范规定的精度要求。

1.0.5　本规范以中误差作为衡量测量精度的指标,以2倍中误差为极限误差。

1.0.6　各种勘测仪器必须按计量规定进行检定。

1.0.7　公路勘测除应遵守本规范的规定外,还应符合国家现行有关标准、规范的规定。

2 术语

2.0.1 公路勘测 highway reconnaissance

采用测量、调查等手段,采集、搜集路线所经地区的社会现状、经济发展、人文景观、地形、地质、气象等资料,进行必要的计算、绘制图表,以取得满足公路设计需要的空间数据、信息,并根据要求提供相应勘测成果的活动。

2.0.2 独立坐标系 independent coordinate system

任意选定原点和坐标轴,其投影面为固定基准面的平面直角坐标系。独立坐标系是相对于国家统一坐标系而言的,以测区中某一经度线作为中央子午线,以测区某一高程面作为投影面而建立的平面直角坐标系。用该坐标系建立的控制网可与国家坐标系进行换算。

2.0.3 假定坐标系 assumed coordinate system

任意假定原点、坐标轴方向,长度不经过投影变形改正的平面直角坐标系。一般是假定一个点的坐标(不要使测区出现负值坐标)及一条边的方位角,在测量平面上直接计算的平面直角坐标系。

2.0.4 检测 check survey

采用某种测量手段对平面、高程控制测量点进行测量,以检查原控制测量网的精度或确认原控制测量桩是否被移动的活动。

2.0.5 复测 repeating survey

采用与原测量同精度的测量方法对原有平面、高程控制测量网进行测量,并重新平差计算提供新的测量成果的活动。

2.0.6 首级控制网 first control survey network

为建立路线控制网而施测的覆盖全路线的高等级控制测量网。

2.0.7 路线控制网 control survey network of highways

为满足公路路线测量而建立的控制测量网。

2.0.8 工点控制网 control survey network of structural buildings

为满足桥、隧、交叉以及其他工点设计需要而建立的控制测量网。

2.0.9　地形图修测 modifying survey of relief map
修改原地形图中地形、地物已发生变化部分的测量活动。

2.0.10　补测 supplement survey
由于原地形图的测绘范围不够或控制点被损坏等进行的补充测量活动。

2.0.11　正射影像地形图 orthophotomap
将航摄影像或遥感图像的微小面积作为纠正单元,通过纠正单元对像片倾斜和地形起伏引起的像点位移进行纠正并绘有等高线的影像图。

2.0.12　控制测量桩 stakes for control measure
GPS 点、三角点、导线点、水准点等控制点桩。

2.0.13　路线控制桩 stakes for control line
路线起终点桩、公里桩、曲线要素桩、交点桩、转点桩、断链桩等。

2.0.14　标志桩 stakes for center line and indication
路线中桩和指示桩。

3　测量标志与测量记录

3.1　测量标志

3.1.1　测量标志要求

1　控制测量桩

1)控制测量桩应采用混凝土桩,尺寸规格应符合附录 A 的规定。有特殊要求的控制测量桩,其尺寸规格、形状等应专门设计。

2)各级控制测量桩必须设有中心标志,中心标志应牢固。平面控制测量桩的中心标志的刻画应细小、清晰,高程控制测量桩的中心标志顶端应圆滑。

3)不同的控制测量桩共用时,必须满足各自的埋设和作业要求,标志规格以其中较高者为准。

2　路线控制桩

1)路线控制桩应采用木质桩,断面不应小于 5cm×5cm,长度不应小于 30cm。

2)路线控制桩应钉设小钉表示其中心位置。

3)当路线控制桩作为控制测量桩使用时,应进行护桩,并应设置指示标志。

3　标志桩应采用木质或竹质桩,断面不应小于 5cm×1.5cm,长度不应小于 30cm。

3.1.2　桩志埋设

1　控制测量桩应埋设在基础稳定、易于长期保存的地点,埋设时应使其具有足够的稳定性。

2　路线控制桩、标志桩应具有一定的稳定性。

3.1.3　桩志书写

1　控制测量桩应在其表面标注点名(号)。

2　路线控制桩、标志桩应标明桩号、中心位置。

3　控制测量桩、路线控制桩和标志桩应按起、终点方向顺序连续编号,中线桩宜按 0~9 循环编号。

4　分离式路基测量,其左、右侧路线桩号前应冠以左、右线代号,并应以前进方向右侧路线为全程连续计算桩号。

5　有比较方案时,桩号前应冠以比较线代号。

6　公路测量符号宜采用汉语拼音字母,有特殊要求时可采用英文字母。

3.2　测量记录

3.2.1　桩标记录

1　控制测量桩应填写点之记,并应在现场填绘。

2　当路线控制桩作为控制测量桩使用时,应填写固定桩志表。

3.2.2　勘测记录

1　公路勘测的各种记录,应采用专用记录簿。记录簿必须编排页码,严禁撕页。采用电子设备记录时,打印输出的内容应具有可查性。

2　测量数据记录不得涂改、擦改和转抄。当记录发生错误时,应按下述条款进行处理:

1)角度记录中的分位、距离和水准记录中的分米位的读记错误可以更改,但不得连环更改。

2)角度记录中的秒位、距离和水准记录中的厘米及厘米以下位数不得涂改,必须重测。

3)允许改正的内容应用斜线整齐画去错误的记录,在其上方重新记录正确的数值,并应在备注栏注明原因。

3　原始数据和记事项目应现场记录,记录项目应齐全。

4　各种记录簿应编制目录,并应由测量、复核及主管人员签署。

4 控制测量

4.1 平面控制测量

4.1.1 一般规定

1 平面控制测量应采用 GPS 测量、导线测量、三角测量或三边测量方法进行。

2 各等级平面控制测量，其最弱点点位中误差不得大于 ±5cm，最弱相邻点相对点位中误差不得大于 ±3cm，最弱相邻点边长相对中误差不得大于表 4.1.1-1 的规定。

表 4.1.1-1 平面控制测量精度要求

测 量 等 级	最弱相邻点边长相对中误差	测 量 等 级	最弱相邻点边长相对中误差
二等	1/100 000	一级	1/20 000
三等	1/70 000	二级	1/10 000
四等	1/35 000		

3 各级公路和桥梁、隧道平面控制测量的等级不得低于表 4.1.1-2 的规定。

表 4.1.1-2 平面控制测量等级选用

高架桥、路线控制测量	多跨桥梁总长 L(m)	单跨桥梁 L_K(m)	隧道贯通长度 L_G(m)	测 量 等 级
—	$L \geqslant 3\,000$	$L_K \geqslant 500$	$L_G \geqslant 6\,000$	二等
—	$2\,000 \leqslant L < 3\,000$	$300 \leqslant L_K < 500$	$3\,000 \leqslant L_G < 6\,000$	三等
高架桥	$1\,000 \leqslant L < 2\,000$	$150 \leqslant L_K < 300$	$1\,000 \leqslant L_G < 3\,000$	四等
高速、一级公路	$L < 1\,000$	$L_K < 150$	$L_G < 1\,000$	一级
二、三、四级公路	—	—	—	二级

4 选择路线平面控制测量坐标系时，应使测区内投影长度变形值不大于 2.5cm/km；大型构造物平面控制测量坐标系，其投影长度变形值不应大于 1cm/km。投影分带位置不应选择在大型构造物处。

5 角度、长度和坐标的数字取位应符合表 4.1.1-3 的规定。

表 4.1.1-3 角度、长度和坐标的数字取位要求

测 量 等 级	角度(″)	长度(m)	坐标(m)
二等	0.01	0.000 1	0.000 1
三、四等	0.1	0.001	0.001
一、二级	1	0.001	0.001

4.1.2 平面控制点布设要求

1 平面控制点相邻点间平均边长应参照表 4.1.2 执行。四等及以上平面控制网中相邻点之间的距离不得小于 500m，一、二级平面控制网中相邻点之间的距离在平原、微丘

区不得小于 200m，重丘、山岭区不得小于 100m，最大距离不应大于平均边长的 2 倍。

表 4.1.2　相邻点间平均边长参照值

测 量 等 级	平均边长（km）	测 量 等 级	平均边长（km）
二等	3.0	一级	0.5
三等	2.0	二级	0.3
四等	1.0		

2　路线平面控制点距路线中心线的距离应大于 50m，宜小于 300m，每一点至少应有一相邻点通视。特大型构造物每一端应埋设 2 个以上平面控制点。

4.1.3　平面控制测量技术要求

1　GPS 基线测量的中误差应小于按式（4.1.3）计算的标准差，各等级控制测量固定误差 a、比例误差系数 b 的取值应符合表 4.1.3-1 的规定。计算 GPS 测量大地高差的精度时，a、b 可放宽至 2 倍。

$$\sigma = \pm \sqrt{a^2 + (b \cdot d)^2} \qquad (4.1.3)$$

式中：σ——标准差（mm）；

　　　a——固定误差（mm）；

　　　b——比例误差系数（mm/km）；

　　　d——基线长度（km）。

表 4.1.3-1　GPS 测量的主要技术要求

测 量 等 级	固定误差 a（mm）	比例误差系数 b（mm/km）
二等	≤5	≤1
三等	≤5	≤2
四等	≤5	≤3
一级	≤10	≤3
二级	≤10	≤5

2　导线测量的主要技术要求应符合表 4.1.3-2 的规定。

表 4.1.3-2　导线测量的主要技术要求

测 量 等 级	附（闭）合导线长度（km）	边 数	每边测距中误差（mm）	单位权中误差（″）	导线全长相对闭合差	方位角闭合差（″）
三等	≤18	≤9	≤±14	≤±1.8	≤1/52 000	≤3.6$\sqrt{n}$
四等	≤12	≤12	≤±10	≤±2.5	≤1/35 000	≤5$\sqrt{n}$
一级	≤6	≤12	≤±14	≤±5.0	≤1/17 000	≤10$\sqrt{n}$
二级	≤3.6	≤12	≤±11	≤±8.0	≤1/11 000	≤16$\sqrt{n}$

注：1. 表中 n 为测站数。

　　2. 以测角中误差为单位权中误差。

　　3. 导线网节点间的长度不得大于表中长度的 0.7 倍。

3　三角测量的主要技术要求应符合表 4.1.3-3 的规定。

表 4.1.3-3　三角测量的主要技术要求

测量等级	测角中误差 (″)	起始边边长相对 中误差	三角形闭合差 (″)	测 回 数 DJ₁	测 回 数 DJ₂	测 回 数 DJ₆
二等	≤±1.0	≤1/250 000	≤3.5	≥12	—	—
三等	≤±1.8	≤1/150 000	≤7.0	≥6	≥9	—
四等	≤±2.5	≤1/100 000	≤9.0	≥4	≥6	—
一级	≤±5.0	≤1/40 000	≤15.0	—	≥3	≥4
二级	≤±10.0	≤1/20 000	≤30.0	—	≥1	≥3

4　三边测量的主要技术要求应符合表 4.1.3-4 的规定。

表 4.1.3-4　三边测量的主要技术要求

测 量 等 级	测距中误差(mm)	测距相对中误差
二等	≤±9.0	≤1/330 000
三等	≤±14.0	≤1/140 000
四等	≤±10.0	≤1/100 000
一级	≤±14.0	≤1/35 000
二级	≤±11.0	≤1/25 000

4.1.4　观测技术要求

1　GPS 观测的主要技术要求应符合表 4.1.4-1 的规定。

表 4.1.4-1　GPS 观测的主要技术要求

项　目 ＼ 测量等级	二 等	三 等	四 等	一 级	二 级
卫星高度角(°)	≥15	≥15	≥15	≥15	≥15
时段长度 静态(min)	≥240	≥90	≥60	≥45	≥40
时段长度 快速静态(min)	—	≥30	≥20	≥15	≥10
平均重复设站数(次/每点)	≥4	≥2	≥1.6	≥1.4	≥1.2
同时观测有效卫星数(个)	≥4	≥4	≥4	≥4	≥4
数据采样率(s)	≤30	≤30	≤30	≤30	≤30
GDOP	≤6	≤6	≤6	≤6	≤6

2　水平角观测的主要技术要求应符合表 4.1.4-2 的规定。

表 4.1.4-2　水平角观测的主要技术要求

测量等级	经纬仪型号	光学测微器 两次重合读数差 (″)	半测回归零差 (″)	同一测回中 2C 较差 (″)	同一方向各测 回间较差 (″)	测回数
二等	DJ₁	≤1	≤6	≤9	≤6	≥12
三等	DJ₁	≤1	≤6	≤9	≤6	≥6
三等	DJ₂	≤3	≤8	≤13	≤9	≥10

测量等级	经纬仪型号	光学测微器两次重合读数差（"）	半测回归零差（"）	同一测回中2C较差（"）	同一方向各测回间较差（"）	测回数
四等	DJ₁	≤1	≤6	≤9	≤6	≥4
	DJ₂	≤3	≤8	≤13	≤9	≥6
一级	DJ₂	—	≤12	≤18	≤12	≥2
	DJ₆	—	≤24	—	≤24	≥4
二级	DJ₂	—	≤12	≤18	≤12	≥1
	DJ₆	—	≤24	—	≤24	≥3

注：当观测方向的垂直角超过±3°时，该方向的2C较差可按同一观测时间段内相邻测回进行比较。

3 距离测量

1）光电测距仪应按表4.1.4-3选用。

表4.1.4-3 光电测距仪的选用

测距仪精度等级	每公里测距中误差 m_D(mm)	适用的平面控制测量等级
I级	$m_D \leqslant \pm 5$	二、三、四等，一、二级
II级	$\pm 5 < m_D \leqslant \pm 10$	三、四等，一、二级
III级	$\pm 10 < m_D \leqslant \pm 20$	一、二级

2）光电测距的主要技术要求应符合表4.1.4-4的规定。

表4.1.4-4 光电测距的主要技术要求

测量等级	观测次数		每边测回数		一测回读数间较差(mm)	单程各测回较差(mm)	往返较差
	往	返	往	返			
二等	≥1	≥1	≥4	≥4	≤5	≤7	
三等	≥1	≥1	≥3	≥3	≤5	≤7	
四等	≥1	≥1	≥2	≥2	≤7	≤10	$\leqslant \sqrt{2}(a + b \cdot D)$
一级	≥1	—	≥2	—	≤7	≤10	
二级	≥1	—	≥1	—	≤12	≤17	

注：1.测回是指照准目标一次，读数4次的过程。

　　2.表中 a 为固定误差，b 为比例误差系数，D 为水平距离(km)。

3）采用普通钢尺丈量距离时，其主要技术要求应符合表4.1.4-5的规定。

表4.1.4-5 普通钢尺丈量距离的主要技术要求

定线偏差(mm)	每尺段往返高差之差(cm)	最小读数(mm)	三组读数之差(mm)	同段尺长差(mm)	外业手簿计算取值(mm)		
					尺长	各项改正	高差
≤5	≤1	1	≤3	≤4	1	1	1

注：每尺段指2根同向丈量或单尺往返丈量。

4.1.5 计算要求

1 一级及以上平面控制测量平差计算应采用严密平差法，二级可采用近似平差法。

2 平差后应提供最弱点点位中误差、最弱相邻点边长相对中误差、单位权中误差、测角中误差,附(闭)合导线应提供角度闭合差、坐标闭合差、全长相对闭合差等精度数据。

3 GPS测量计算应进行下列检查并提交相应资料:

1)同一时段观测值的数据剔除率不宜大于10%。

2)重复基线测量的差值应满足式(4.1.5-1)的规定。

$$d_s \leqslant 2\sqrt{2}\sigma \qquad (4.1.5\text{-}1)$$

式中: d_s——重复基线测量的差值(mm);

　　　σ——标准差(mm)。

3)各级GPS网同步环闭合差应符合式(4.1.5-2)的规定。

$$\left. \begin{aligned} W_X &\leqslant \frac{\sqrt{n}}{5}\sigma \\ W_Y &\leqslant \frac{\sqrt{n}}{5}\sigma \\ W_Z &\leqslant \frac{\sqrt{n}}{5}\sigma \\ W &\leqslant \frac{2\sqrt{n}}{5}\sigma \end{aligned} \right\} \qquad (4.1.5\text{-}2)$$

式中: n——环或附合路线的边数;

　　　σ——标准差(mm)。

4)各级GPS网异步环闭合环或附合路线坐标闭合差应符合式(4.1.5-3)的规定。

$$\left. \begin{aligned} V_X &\leqslant \sqrt{\frac{4n}{3}}\sigma \\ V_Y &\leqslant \sqrt{\frac{4n}{3}}\sigma \\ V_Z &\leqslant \sqrt{\frac{4n}{3}}\sigma \\ V &\leqslant 2\sqrt{n}\sigma \end{aligned} \right\} \qquad (4.1.5\text{-}3)$$

式中: n——环或附合路线的边数;

　　　σ——标准差(mm)。

5)无约束平差中,基线分量的改正数绝对值应满足式(4.1.5-4)的规定。

$$\left. \begin{aligned} V_{\Delta X} &\leqslant \sqrt{3}\sigma \\ V_{\Delta Y} &\leqslant \sqrt{3}\sigma \\ V_{\Delta Z} &\leqslant \sqrt{3}\sigma \end{aligned} \right\} \qquad (4.1.5\text{-}4)$$

式中: σ——标准差(mm)。

6)约束平差中,基线分量的改正数与经过粗差剔除后的无约束平差结果的同一基线相应改正数较差的绝对值应满足式(4.1.5-5)的规定。

$$
\left.\begin{array}{l}
dV_{\Delta X} \leqslant \sqrt{\dfrac{4}{3}}\sigma \\[4mm]
dV_{\Delta Y} \leqslant \sqrt{\dfrac{4}{3}}\sigma \\[4mm]
dV_{\Delta Z} \leqslant \sqrt{\dfrac{4}{3}}\sigma
\end{array}\right\} \tag{4.1.5-5}
$$

式中：σ——标准差（mm）。

4.2 高程控制测量

4.2.1 一般规定

1 高程控制测量应采用水准测量或三角高程测量的方法进行。

2 同一个公路项目应采用同一个高程系统，并应与相邻项目高程系统相衔接。

3 各等级公路高程控制网最弱点高程中误差不得大于 ±25mm；用于跨越水域和深谷的大桥、特大桥的高程控制网最弱点高程中误差不得大于 ±10mm；每公里观测高差中误差和附合（环线）水准路线长度应小于表4.2.1-1的规定。当附合（环线）水准路线长度超过规定时，可采用双摆站的方法进行测量，其长度不得大于表4.2.1-1中水准路线长度的2倍。

表 4.2.1-1 高程控制测量的技术要求

测 量 等 级	每公里高差中数中误差（mm）		附合或环线水准路线长度（km）	
	偶然中误差 M_Δ	全中误差 M_W	路线、隧道	桥　　梁
二等	±1	±2	600	100
三等	±3	±6	60	10
四等	±5	±10	25	4
五等	±8	±16	10	1.6

注：控制网节点间的长度不应大于表中长度的0.7倍。

4 各级公路及构造物的高程控制测量等级不得低于表4.2.1-2规定。

表 4.2.1-2 高程控制测量等级选用

高架桥、路线控制测量	多跨桥梁总长 L(m)	单跨桥梁 L_K(m)	隧道贯通长度 L_G(m)	测 量 等 级
—	$L \geqslant 3\,000$	$L_K \geqslant 500$	$L_G \geqslant 6\,000$	二等
—	$1\,000 \leqslant L < 3\,000$	$150 \leqslant L_K < 500$	$3\,000 \leqslant L_G < 6\,000$	三等
高架桥，高速、一级公路	$L < 1\,000$	$L_K < 150$	$L_G < 3\,000$	四等
二、三、四级公路	—	—	—	五等

5 高程测量数字取位应符合表4.2.1-3的规定。

表 4.2.1-3 高程测量数字取位要求

测量等级	各测站高差 (mm)	往返测距离总和 (km)	往返测距离中数 (km)	往返测高差总和 (mm)	往返测高差中数 (mm)	高程 (mm)
各等	0.1	0.1	0.1	0.1	1	1

4.2.2 高程控制点布设要求

1 路线高程控制点相邻点间的距离以 1～1.5km 为宜,特大型构造物每一端应埋设 2 个(含 2 个)以上高程控制点。

2 高程控制点距路线中心线的距离应大于 50m,宜小于 300m。

4.2.3 高程控制测量的主要技术要求

1 水准测量的主要技术要求应符合表 4.2.3-1 的规定。

表 4.2.3-1 水准测量的主要技术要求

测 量 等 级	往返较差、附合或环线闭合差(mm)		检测已测测段 高差之差(mm)
	平原、微丘	重丘、山岭	
二等	$\leqslant 4\sqrt{l}$	$\leqslant 4\sqrt{l}$	$\leqslant 6\sqrt{L_i}$
三等	$\leqslant 12\sqrt{l}$	$\leqslant 3.5\sqrt{n}$ 或 $\leqslant 15\sqrt{l}$	$\leqslant 20\sqrt{L_i}$
四等	$\leqslant 20\sqrt{l}$	$\leqslant 6.0\sqrt{n}$ 或 $\leqslant 25\sqrt{l}$	$\leqslant 30\sqrt{L_i}$
五等	$\leqslant 30\sqrt{l}$	$\leqslant 45\sqrt{l}$	$\leqslant 40\sqrt{L_i}$

注:计算往返较差时,l 为水准点间的路线长度(km);计算附合或环线闭合差时,l 为附合或环线的路线长度(km); n 为测站数。L_i 为检测测段长度(km),小于 1km 时按 1km 计算。

2 光电测距三角高程测量的主要技术要求应符合表 4.2.3-2 的规定。

表 4.2.3-2 光电测距三角高程测量的主要技术要求

测量等级	测回内同向 观测高差较差(mm)	同向测回间高差较差 (mm)	对向观测 高差较差(mm)	附合或环线 闭合差(mm)
四等	$\leqslant 8\sqrt{D}$	$\leqslant 10\sqrt{D}$	$\leqslant 40\sqrt{D}$	$\leqslant 20\sqrt{\sum D}$
五等	$\leqslant 8\sqrt{D}$	$\leqslant 15\sqrt{D}$	$\leqslant 60\sqrt{D}$	$\leqslant 30\sqrt{\sum D}$

注:D 为测距边长度,以 km 计。

4.2.4 观测的技术要求

1 水准测量观测的主要技术要求应符合表 4.2.4-1 的规定。

2 光电测距三角高程测量观测的主要技术要求应符合表 4.2.4-2 的规定。仪器和反射镜高度应使用仪器配置的测尺和专用测杆于测前、测后各测量 1 次,2 次较差不得大于 2mm。

3 跨河水准测量

1)当水准路线通过宽度为各等级水准测量的标准视线长度 2 倍以下的江河、山谷时,可用一般观测方法进行,但在测站上应变换一次仪器高度,观测 2 次,2 次高差之差应符合表 4.2.4-3 的规定。

表 4.2.4-1　水准测量观测的主要技术要求

测量等级	仪器类型	水准尺类型	视线长(m)	前后视较差(m)	前后视累积差(m)	视线离地面最低高度(m)	基辅(黑红)面读数差(mm)	基辅(黑红)面高差较差(mm)
二等	DS_{05}	铟瓦	≤50	≤1	≤3	≥0.3	≤0.4	≤0.6
三等	DS_1	铟瓦	≤100	≤3	≤6	≥0.3	≤1.0	≤1.5
	DS_2	双面	≤75				≤2.0	≤3.0
四等	DS_3	双面	≤100	≤5	≤10	≥0.2	≤3.0	≤5.0
五等	DS_3	单面	≤100	≤10	—	—	—	≤7.0

表 4.2.4-2　光电测距三角高程测量观测的主要技术要求

测量等级	仪器	测距边测回数	边长(m)	垂直角测回数(中丝法)	指标差较差(″)	垂直角较差(″)
四等	DJ_2	往返均≥2	≤600	≥4	≤5	≤5
五等	DJ_2	≥2	≤600	≥2	≤10	≤10

表 4.2.4-3　跨河水准测量两次观测高差之差

测　量　等　级	高差之差(mm)	测　量　等　级	高差之差(mm)
二等	≤1.5	四等	≤7
三等	≤7	五等	≤9

2)高程视线长度超过各等级水准测量标准视线长度的 2 倍以上时,应按表 4.2.4-4 选择观测方法。

表 4.2.4-4　跨河高程测量的观测方法及跨越视线长度

观　测　方　法	跨越视线长度(m)	观　测　方　法	跨越视线长度(m)
直接读数法	三、四等　≤300	倾斜螺旋法	≤1 500
	五等　≤500	测距三角高程法	≤3 500
光学测微法	≤500		

3)视线长度超过 3 500m 时,采用的方法和要求应根据测区条件进行专题设计。

4)观测的测回数和组数不得小于表 4.2.4-5 的规定。

表 4.2.4-5　测回数和组数

测量等级　　视线长度(m)	二　等		三　等		四　等		五　等	
	测回数	组数	测回数	组数	测回数	组数	测回数	组数
< 300	2	2	2	1	2	1	2	1
300 ~ 500	2	4	2	2	2	2	2	1
500 ~ 1 000	8	6	2	2	2	2	2	1

测量等级	二 等		三 等		四 等		五 等	
视线长度（m）	测回数	组数	测回数	组数	测回数	组数	测回数	组数
1 000～1 500	12	8	4	2	3	2	3	1
1 500～2 000	16	8	8	3	3	3	3	1
＞2 000	8S	8	4S	3	4	3	4	1

注:1.表中 S 为视线长度的公里数,尾数凑整到 0.5 或 1。

　　2.1 测回是指两台仪器对向观测 1 次。

　　3.组数是指不同的时间段施测规定测回数的次数。

5)各测回高差互差应小于按式(4.2.4)计算的限差。

$$M_{限} = 3M_\Delta \sqrt{nS} \qquad (4.2.4)$$

式中: $M_{限}$——测回间高差限差互差;

　　　　M_Δ——相应水准测量等级所规定的每公里观测高差偶然中误差(mm);

　　　　n——测回数;

　　　　S——跨河视线长度(km)。

4.2.5　计算要求

1　各等级高程控制测量均应计算路线(或环线)闭合差,线路往、返测量时应计算每公里观测高差偶然中误差 M_Δ,光电测距三角高程测量应计算对向观测高差互差值。

2　四等以上高程控制测量应采用严密平差法进行计算,并应计算最弱点高程中误差、每公里观测高差全中误差 M_W。

4.3　资料提交

控制测量应提交以下测量及计算资料:

1　技术设计书。

2　点之记(含固定桩志表)。

3　仪器检验报告。

4　原始记录手簿。

5　控制测量计算书。

6　平面控制网联测及布网略图。

7　高程控制测量联测及路线示意图。

8　作业自检报告。

9　检查验收意见。

10　技术总结。

11　所有资料的电子文档。

5 地形图测绘

5.1 一般规定

5.1.1 测图比例尺应根据设计阶段、工程性质及地形、地貌等因素按表5.1.1选用。

表5.1.1 地形图比例尺的选用

设计阶段或工程性质	比 例 尺	设计阶段或工程性质	比 例 尺
工程可行性研究	1:10 000	施工图设计	1:1 000、1:2 000、1:5 000
初步设计、技术设计	1:2 000、1:5 000	重要工点	1:500

5.1.2 地形图的基本等高距应符合表5.1.2的规定。

表5.1.2 地形图基本等高距

地形类别	不同比例尺的基本等高距（m）			
	1:500	1:1 000	1:2 000	1:5 000
平原	0.5	0.5	1.0	1.0
微丘	0.5	1.0	1.0	2.0
重丘	1.0	1.0	2.0	5.0
山岭	1.0	2.0	2.0	5.0

5.1.3 地形图的图式应采用国家测绘局制定的现行地形图图式。对图式中没有规定符号的地物、地貌,应制定补充规定,并应在技术报告中注明。

5.1.4 地形图的精度应符合表5.1.4-1和表5.1.4-2的规定。

表5.1.4-1 图上地物点的点位中误差

重要地物（mm）	一般地物（mm）	水下地物（mm）		
		1:500	1:1 000	1:2 000
≤±0.6	≤±0.8	≤±2.0	≤±1.2	≤±1.0

表5.1.4-2 等高线插值的高程中误差

地形类别	平 原	微 丘	重 丘	山 岭	水 下
高程中误差	$\leqslant (1/3)H_d$	$\leqslant (1/2)H_d$	$\leqslant (2/3)H_d$	$\leqslant H_d$	$\leqslant 1.2H_d$

注:1.高程注记点的精度按表中0.7倍执行。

2.H_d为基本等高距。

5.1.5 公路地形图的注记符号宜以路线前进方向的左侧正方向为上。

5.1.6 公路地形图分幅,宜采用正方形或矩形分幅,图幅应按顺序编号。

5.1.7 每幅图应测出图廓外 5mm,图幅的接边误差不应超过表 5.1.4-1 和表 5.1.4-2 规定值的 $2\sqrt{2}$ 倍,超过规定值时,应进行实地测量检查。

5.2 图根控制测量

5.2.1 图根导线测量应闭合或附合于路线控制点上,当需要加密时,图根控制不宜超过两次附合;条件受限制时,可布设支导线,但支导线的边数不得超过 3 条。

5.2.2 图根点的点位中误差应不大于所测比例尺图上 0.1mm,高程中误差应不大于测图基本等高距的 1/10。

5.2.3 图根点应设定标志,标志可采用木桩或混凝土桩,点位应视野开阔,相邻点应相互通视。

5.2.4 图根点的密度应根据测图比例尺和地物、地貌复杂程度以及测图方法而定,平坦开阔地区采用大平板仪、小平板配合经纬仪测图时,图根点(含基础控制点)密度不应少于表5.2.4的规定。

表 5.2.4 视距法测图图根点(含基础控制点)密度

测图比例尺	图根点密度(点/km²)	测图比例尺	图根点密度(点/km²)
1:500	≥145	1:2 000	≥14
1:1 000	≥45	1:5 000	≥7

注:1. 在地物、地貌复杂或隐蔽地区应视其复杂和隐蔽程度适当加大密度。
   2. 采用全站仪(测距仪)测图的图根点的密度可取表中 0.4 倍的值。
   3. 采用 GPS RTK 测图的图根点的密度可取表中 0.2 倍的值。

5.2.5 图根导线、交会法测量的主要技术要求应符合表 5.2.5 的规定,当采用交会法时,分组计算的坐标较差应小于图上 0.3mm。

表 5.2.5 图根导线测量的主要技术要求

边长测定方法	测图比例尺	导线全长(m)	平均边长(m)	测回数	测角中误差(")	方位角闭合差(")	导线最大相对闭合差
光电测距	1:500	≤750	75	≥1	≤±20	≤$40\sqrt{n}$	≤1/4 000
	1:1 000	≤1 500	150				
	1:2 000	≤3 000	300				

边长测定方法	测图比例尺	导线全长（m）	平均边长（m）	测回数	测角中误差（"）	方位角闭合差（"）	导线最大相对闭合差
钢尺量距	1:500	≤500	50	≥1	≤±20	≤40$\sqrt{n}$	≤1/2 000
	1:1 000	≤1 000	85				
	1:2 000	≤2 000	180				

注:1. n 为测站数。

2. 组成节点后,节点间或节点与起算点间的长度不得大于表中规定的0.7倍。

3. 当导线长度小于表中规定1/3时,其绝对闭合差不应大于图上0.3mm。

5.2.6 图根点高程可采用水准测量、光电测距三角高程测量或GPS RTK测量等满足精度要求的各种方法。当基本等高距为0.5m时,应采用图根水准测量。图根水准测量主要技术要求应符合表5.2.6的规定。

表 5.2.6 图根水准测量的主要技术要求

每公里观测高差全中误差（mm）	水准路线长度(km)		视线长度（m）	观 测 次 数		往返较差、附合或环线闭合差(mm)	
	附合路线或环线	支线长度		附合或闭合路线	支线或与已知点联测	平原、微丘	重丘、山岭
≤±20	≤6	≤3	≤100	往一次	往返各一次	≤40$\sqrt{L}$	≤12$\sqrt{n}$

注:1. L 为水准路线长度,以 km 计; n 为测站数。

2. 组成节点后,节点间或节点与高级点间的长度不得大于表中规定的0.7倍。

5.2.7 图根三角高程测量主要技术要求应符合表5.2.7的规定。

表 5.2.7 图根三角高程测量的主要技术要求

每公里观测高差全中误差(mm)	最大边长（m）	垂直角测回数	指标差较差垂直较差(")	对向观测高差较差（mm）	附合或环线闭合差（mm）
≤±20	600	中丝法≥2测回	≤25	≤60$\sqrt{D}$	≤40$\sqrt{\sum D}$

注: D 为边长(km)。

5.2.8 采用 GPS RTK 施测图根点的平面、高程时,应符合以下要求:

1 基准站与流动站(所求的图根点)应始终保持同步锁定5颗以上卫星,GDOP值应小于6,流动站至基准站的距离应小于5km。

2 求解转换参数的高等级控制点应大于4个,并应包含整个作业区间,均匀分布于作业区域的周围;流动站至最近的高等级控制点应小于2km;图根点不应外推。

3 天线高应于测前、测后各量测1次,2次互差不得超过3mm。

4 在作业区间内,至少应检核2个以上的高级控制点,其检测的坐标差和高程差应符合第 5.2.2 条的规定。

5.2.9 图根测量应进行平差,角度计算取位至秒,边长、坐标和高程计算取位至毫米,最终坐标和高程取位至厘米。

5.3 地形图测绘

5.3.1 实测地形图可选用测记法或测绘法。采用测记法时应绘制草图,并对各种地物、地貌特征赋予唯一代码。

5.3.2 距离测量可采用视距法或光电测距法。采用视距法时,最大测距长度应符合表 5.3.2-1 的规定;采用光电测距法时,测距最大长度应符合表 5.3.2-2 的规定。

表 5.3.2-1 视距法测距最大长度

比 例 尺	测距最大长度(m)	比 例 尺	测距最大长度(m)
1:500	≤80	1:2 000	≤200
1:1 000	≤120	1:5 000	≤300

注:1.垂直角超过 ±10°时,测距长度应适当缩短。
 2.1:500、1:1 000 比例尺施测主要地物时,测距读数应读至 0.1m。

表 5.3.2-2 光电测距法测距最大长度

比 例 尺	测距最大长度(m)	比 例 尺	测距最大长度(m)
1:500	≤240	1:2 000	≤600
1:1 000	≤360	1:5 000	≤900

5.3.3 地形图测量时,仪器对中误差应小于图上 0.05mm;当以较远一点标定方向,用其他点进行检核时,检核偏差不应大于图上 0.3mm;当检查另一测站高程时,其较差不应大于 1/5 基本等高距。

5.3.4 当采用 GPS RTK 法测量时,流动站至基准站的距离应小于 10km,在作业区间内,至少应检核 1 个高级控制点,其他要求可参照第 5.2.8 条的有关规定执行。

5.3.5 高程注记点的分布应力求均匀,其间距宜符合表 5.3.5 的规定。

表 5.3.5 地形图上高程注记点的间距

比 例 尺	1:500	1:1 000	1:2 000	1:5 000
高程注记点间距(m)	≤15	≤30	≤50	≤100

注:平坦及地形简单地区可放宽至 1.5 倍,地形变化较大的地区应适当加密。

5.3.6 基本等高距为 0.5m 时,高程注记点应注至 0.01m;基本等高距大于 0.5m 时,可注记至 0.1m。

5.3.7 地形图应标示建筑物、独立地物、水系及水工设施、管线、交通设施、境界、植被等各类地物、地貌要素以及各类控制点、地理名称等。地物、地貌各项要素的标示方法和取舍原则应符合国家测绘局制定的现行图式的规定，还应充分考虑公路工程的专业特点，满足设计及施工对于地形图的要求。

5.4 水下地形图测绘

5.4.1 水下地形图测绘的平面和高程控制系统、图幅分幅、等高距应与该测区陆上地形图一致，两者应互相衔接。

5.4.2 测深仪具适用范围与测深点深度中误差应符合表 5.4.2 的规定。

表 5.4.2 测深仪具适用范围与测深点深度中误差

水深范围(m)	测深仪具	测深点深度中误差(m)
0～5	宜用测深杆(流速小于 1m/s)	≤±0.10
2～10 0～10	测深仪(流速小于 1m/s) 测深锤	≤±0.15
10～20	测深仪(流速小于 0.5m/s) 测深锤	≤±0.20
20 以上	测深仪(测船晃动角度不大于 4°) 测深锤	≤±0.01H

注：H 为水深值。

5.4.3 测深点的布测可采用断面或散点形式；测深线间距和测深点点距不应超过表 5.4.3-1 和表 5.4.3-2 的规定；点位精度应符合表 5.1.4-1 和表 5.1.4-2 的规定。

表 5.4.3-1 航道测量图上测深线间距

测量项目	重点水域	一般水域	检查测量
图上测深线间距(cm)	1.0～1.5	1.5～2.0	1.0～1.5

表 5.4.3-2 断面线上测深点图上最大间距

测量仪具 测量项目	测深仪(cm)	测深杆或测深锤(cm)
大桥、特大桥重点水域断面	1.0	1.0
大桥、特大桥一般水域断面	1.0～1.5	1.0
一般断面	3.5～4.0	1.5

5.4.4 水面高程测量的精度应达到五等水准测量的精度要求,并应记录测量时间、测时水位高程。

5.5 地形图数字化要素分层

5.5.1 地物标识、地貌属性的特征代码设计应与图式编号一致,并具有实用性、通用性、可扩性。

5.5.2 地形图数据分层宜参照表5.5.2执行。

表5.5.2 地形图数据分层

层　名	层　号	缩　写	几 何 特 征
内、外图廓及整饰	0	NET1	点、线(弧段)
方格网	1	NET2	线(弧段)
测量控制点	2	CON	点
居民地和垣栅(面)	3	RES1	多边形
居民地和垣栅(点、线)	4	RES2	点、弧段
工矿建(构)筑物及其他设施(面)	5	IND1	多边形
工矿建(构)筑物及其他设施(点、线)	6	IND2	点、线(弧段)
交通及附属设施(面)	7	TRA1	多边形
交通及附属设施(点、线)	8	TRA2	点、线(弧段)
管线及附属设施	9	PIP	点、线(多边形)
水系及附属设施(面、线)	10	HYD1	多边形、线(弧段)
水系及附属设施(点)	11	HYD2	点
境界	12	BOU	多边形
地貌和土质(面)	13	TER1	多边形
地貌和土质(点、线)	14	TER2	点、线(弧段)
植被(面)	15	VEG1	多边形
植被(点、线)	16	VEG2	点、线(弧段)
地名注记(定位点)	17	ANO	点
说明注记(定位点)	18	ANN	点
公路设计要素	19	DES	点、线(弧段)

5.6 资料提交

地形图测绘应提交下列资料:
1 技术设计书。
2 图根控制测量记录手簿。

3 图根控制测量计算书。

4 地形图。

5 地形图分幅图。

6 地形图测量自检报告。

7 地形图检查验收报告。

8 技术总结。

6 航空摄影测量

6.1 航空摄影

6.1.1 公路航空摄影应结合路线沿线的地形起伏情况和成图精度要求,合理选择镜头焦距。航摄比例尺应根据表 6.1.1 选用,对地形图精度要求高的工程宜选择较大值。

表 6.1.1 航摄比例尺

成图比例尺	航摄比例尺	成图比例尺	航摄比例尺
1:500	1:2 000 ~ 1:3 000	1:2 000	1:8 000 ~ 1:12 000
1:1 000	1:4 000 ~ 1:6 000	1:5 000	1:20 000 ~ 1:30 000

6.1.2 航摄范围横向每侧应覆盖成图区域以外一个航带20%以上的宽度,纵向各向外延伸 2~3 条摄影基线。进行航带设计时,宜采用1:50 000 地形图。

6.1.3 飞行质量应符合下列要求:

1 像片重叠度应符合表 6.1.3-1 的规定。

表 6.1.3-1 像片重叠度

方 向	个别最小值(%)	一般值(%)	个别最大值(%)
同一航带航向重叠	56	60 ~ 65	75
相邻航带旁向重叠	15	30 ~ 35	—

2 像片倾角应小于2°,个别最大可为4°。

3 旋偏角应符合表 6.1.3-2 的规定。

表 6.1.3-2 旋偏角

航摄比例尺(M)	一般值(°)	个别最大值(°)
$M \leq 1/8\ 000$	≤6	≤8
$1/8\ 000 < M \leq 1/4\ 000$	≤8	≤10
$1/4\ 000 \leq M$	≤10	≤12

注:同一摄影分区内,达到或接近最大旋偏角的像片不得连续超过3片。

4 同一航带上相邻像片的航高差应小于20m,同一航带上最大航高与最小航高之差应小于 30m。

5 航线的弯曲度应小于3%。

6 航迹线偏移应小于像幅的 10%。

7 沿路线走廊的纵向覆盖,航带两端应各超出分区范围 1 条基线以上。

8 漏洞补摄时,应根据原设计要求及时进行,宜采用与原摄影相同类型的航摄仪,纵向覆盖应超出漏洞外 1 条基线以上。

6.1.4 摄影质量应符合下列要求:

1 应根据路线所经地域的地理纬度、气候条件以及太阳高度角对地形、地物照射产生的阴影影响,选择航摄季节和航摄时间,最大限度地减少阴影的影响。

2 底片的灰雾密度应小于 0.2;底片最大密度应在 1.4~1.8 之间,极个别的可为 2.0,底片最小密度至少应比灰雾密度大 0.2;底片的密度差宜为 1.0 左右;最大密度差应小于 1.4,最小密度差应大于 0.6。

3 飞机地速产生的最大像点位移在底片上应小于 0.06mm。

4 底片上的框标及其他各类注记标志应清晰、齐全、完整,底片不得有划痕、斑痕、折伤、脱胶等缺陷。

6.2 航测外业

6.2.1 一般规定

1 像控点宜布设在航向三片重叠范围内和旁向重叠中线附近,应尽量公用。分别布点时控制范围在像片上所裂开的垂直距离不得大于 20mm。

2 位于自由边的像控点连线应能控制住测图范围。

3 平原、微丘区测图时,像片高程控制点应采用全野外布点。

4 像控点距像片边缘应大于 15mm;离方位线的距离应大于 60mm,离开通过像主点且垂直于方位线的距离不得大于 15mm。

6.2.2 全野外布点应符合下列要求:

1 对于像片平面图的全野外布点,每张隔号像片应布设 4 个平高点,如图 6.2.2-1。

2 对于立体成图的全野外布点,每个立体像对应布设 4 个平高点。当航摄比例尺分母大于 4 倍成图比例尺分母时,宜在像主点附近增设 1 个平高控制点,如图 6.2.2-2。当控制点平面坐标由内业加密得出时,增设的平高控制点可改为高程控制点。

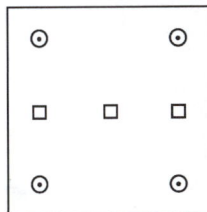

图 6.2.2-1 像片平面图的全野外布点
⊙-平高点;□-像主点

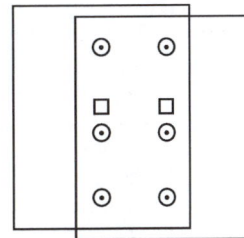

图 6.2.2-2 立体成图的全野外布点

6.2.3 单航带布点应采用每一分段六点法,如图
6.2.2-3。

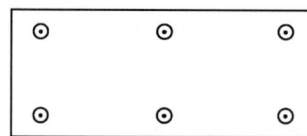

图 6.2.2-3　单航带布点

6.2.4 航带首末端点间的间隔基线数不应大于表
6.2.4-1～表 6.2.4-4 的规定。两端的上、下两点宜选在通过像主点且垂直于方位线的直线上,相互偏离不应超过 1/2 条基线;中央 1 对点宜选在两端控制点的中间,左右偏离不应超过 1 条基线,并避免上、下两点同时往一侧偏离。

表 6.2.4-1　1:500 成图航带网布点首末端点间的间隔基线数

航摄比例尺	焦距	平 原	微 丘	重 丘	山 岭
1:2 000	305	10/ *	10/ *	14/12	14/12
1:2 500	305	8/ *	8/ *	12/8	12/8
1:3 000	305	6/ *	6/ *	10/6	10/6

表 6.2.4-2　1:1 000 成图航带网布点首末端点间的间隔基线数

航摄比例尺	焦距	平 原	微 丘	重 丘	山 岭
1:4 000	152	8/ *	8/ *	12/14	—/—
	210	8/ *	8/ *	12/12	12/16
1:5 000	152	6/ *	6/ *	10/10	10/16
	210	6/ *	6/ *	10/8	10/12
1:6 000	152	* / *	* / *	8/8	8/14
	210	4/ *	4/ *	6/6	6/10

表 6.2.4-3　1:2 000 成图航带网布点首末端点间的间隔基线数

航摄比例尺	焦距	平 原	微 丘	重 丘	山 岭
1:8 000	152	8/ *	8/ *	12/10	12/12
	210	8/ *	8/ *	12/8	12/12
1:10 000	152	6/ *	6/ *	10/8	10/10
	210	6/ *	6/ *	10/6	10/8
1:12 000	152	* / *	* / *	8/4	8/8
	210	4/ *	4/ *	6/ *	6/6

表 6.2.4-4　1:5 000 成图航带网布点首末端点间的间隔基线数

地形类别 航摄比例尺　焦距		平 原	微 丘	重 丘	山 岭
1:20 000	152	8/＊	8/＊	12/10	12/12
	210	8/＊	8/＊	12/8	12/12
1:25 000	152	6/＊	6/＊	10/8	10/10
	210	6/＊	6/＊	10/6	10/8
1:30 000	152	＊/＊	＊/＊	8/4	8/8
	210	4/＊	4/＊	6/＊	6/6

注:上述四个表中,分子为平面控制点间隔基线数,分母为高程控制点间隔基线数,＊表示全野外布点。

6.2.5　区域网布点应符合下列要求:

1　当航带数为2条及以上时,宜采用区域网布点,其航带跨度应符合表6.2.5的规定。控制点间基线数与单航带相同,并应保证区域四周至少有6个平高点。

表 6.2.5　航带区域网允许的最大航带跨度数

比 例 尺	1:500	1:1 000	1:2 000	1:5 000
航带数(条)	4~5	4~5	5~6	5~6

2　当成图范围不规则时,可采用不规则区域网布点。凸出处应布设平高点,凹进处应布设高程点。当凹角点与凸角点之间距离超过2条基线时,在凹角处应布设平高点,如图6.2.5。

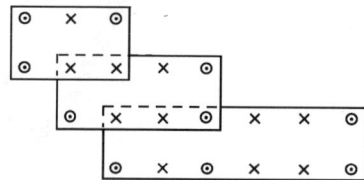

6.2.6　当遇到像主点、标准点位落水,但落水范围的大小和位置不影响立体模型连接时,可按正常航带布点,否则落水像对应按全野外布点。

图 6.2.5　不规则区域网布点
⊙-平高控制点;×-高程控制点

6.2.7　像控点的选刺应符合下列要求:

1　像片平面控制点应选择影像清晰、棱角分明的明显地物点,刺点应准确,刺孔应小而透,不得有双孔。

2　像片高程控制点的点位应选刺在高程变化较小的地方。

6.2.8　像片控制点整饰应清晰明了,同一测区不得有重号。

6.2.9　像片控制点的平面位置中误差不应超过重要地物点平面位置中误差的1/5,高程中误差不应超过基本等高距的1/10。

6.2.10 像片调绘应符合下列要求：

1 调绘范围应覆盖测图区域，调绘像片宜采用隔号像片。相邻调绘片接边时，右、下调绘面积线宜采用直线，左、上调绘面积线应根据邻片立体转绘。在调绘面积线以外，应注明邻接像片号，无接边处应注明"自由图边"。

2 各种方位物、建筑物、管线、水系、道路、地貌、农田、植被、境界及各类名称等要素应实地调绘。

6.3 航测内业

6.3.1 内业加密点相对于最近野外控制点的平面和高程中误差不得大于表6.3.1-1和表6.3.1-2的规定。

表 6.3.1-1 内业加密点的平面位置中误差

地形类别	平原、微丘	重丘、山岭
图上平面位置中误差（mm）	±0.4	±0.55

表 6.3.1-2 内业加密点的高程中误差

比 例 尺	地形类别	基本等高距（m）	高程中误差（m）
1:500	平原	0.5	—
	微丘	0.5	—
	重丘	1.0	±0.35
	山岭	1.0	±0.55
1:1 000	平原	0.5	—
	微丘	1.0	—
	重丘	1.0	±0.50
	山岭	2.0	±1.0
1:2 000	平原	1.0	—
	微丘	1.0	—
	重丘	2.0	±0.80
	山岭	2.0	±1.20
1:5 000	平原	1.0	—
	微丘	2.0	—
	重丘	5.0	±2.0
	山岭	5.0	±3.0

注：表中"—"表示不得内业加密。

6.3.2 野外像控点的转点与内业加密点的选定应符合下列要求：

1 野外像片控制点不宜转刺，但应转标。

2 加密点的选点要求应按第 6.2.7 条的规定执行。

3 区域网平差时,当相邻航带像片重叠错位,点位不能达到 6 片公用时,应分别选点。

4 加密时,宜加入湖面、水库水面、GPS 测量等辅助数据进行联合平差。

6.3.3 全数字摄影测量系统作业中各项限差应符合下列要求:

1 透明正片的扫描分辨率不得大于 $25\mu m$。

2 当框标自动识别定位或人工交互方式进行内定向时,框标坐标量测误差应小于 $0.02mm$。

3 利用影像同名点匹配算法求解立体定向相对定向参数时,平原、微丘区相对定向的残余上、下视差应小于 $0.005mm$,重丘、山岭区应小于 $0.008mm$。

4 影像匹配后,立体模型的连接较差应满足式(6.3.3)的要求。

$$\left.\begin{array}{l} \Delta S \leqslant 0.06m \times 10^{-3} \\ \Delta Z \leqslant 0.04\dfrac{mf}{b} \times 10^{-3} \end{array}\right\} \qquad (6.3.3)$$

式中:ΔS——平面位置较差(m);

$\quad\Delta Z$——高程较差(m);

$\quad m$——像片比例尺分母;

$\quad f$——航摄仪主距(mm);

$\quad b$——像片基线长度(mm)。

5 绝对定向的各项精度指标不应大于表 6.3.3 的规定。

表 6.3.3　绝对定向后的精度指标

项　目		精　度　指　标
基本定向点残差		$0.75M_1$
多余控制点的不符值		$1.25M_1$
公共点的较差		$2.0M_1$
平面坐标误差	平原、微丘	图上 0.3mm
	重丘、山岭	图上 0.4mm
高　程　误　差	平原、微丘	0.2m
	重丘、山岭	$0.75H_1$

注:M_1 为加密点的平面位置中误差;H_1 为加密点的高程中误差。

6.3.4 地形、地貌、地物等地形图要素的测绘按第 5 章的规定执行。

6.3.5 影像图的应用与制作应根据测设阶段和地形类别参照表 6.3.5 选用,平原地区宜采用纠正像片平面图,丘陵地、山岭地宜采用正射影像图。

表6.3.5 影像图的用途

用　途	种　类	用　途	种　类
工程可行性研究	未经纠正的像片平面图	施工图设计及山区初步设计	正射影像图
平微区初步设计	纠正或概略纠正的影像图	设计各阶段	正射影像地形图

6.4 资料提交

6.4.1 航带设计应提交下列成果资料:

1 公路路线方案地理位置图,图中以经纬度标注出航摄区域范围。

2 航带设计略图,图中以适当比例尺绘制摄区1:50 000(或1:25 000、1:10 000)地形图图幅结合图,注明图号,在结合图中概略标出各航摄分区范围并标注分区号。

3 航带设计采用的航摄比例尺、设计用图比例尺、航摄仪像幅尺寸、航片的航向及旁向重叠度等基本参数。

4 航带设计的路线名称、路线总长、航摄分区数,各航摄分区的航带数及航带长、航摄面积和基本像片数,整个摄区的航带总数及航带总长、航摄总面积和基本像片总数。

6.4.2 航摄应提交下列成果资料:

1 航摄实施情况报告书。

2 航摄仪检定数据。

3 航摄成果的移交清单及质量状况记录。

4 航摄底片。

5 航摄像片索引图。

6 航摄像片。

6.4.3 航测外业应提交下列成果资料:

1 技术设计。

2 观测手簿或原始观测数据磁盘。

3 控制像片、调绘像片及结合图。

4 计算手簿、像控点联测略图、检查验收报告。

5 技术总结。

6.4.4 航测内业应提交下列资料:

1 像片类:控制刺点片、野外调绘片、作业涤纶正片或扫描像片数据。

2 资料类:航测外业控制测量及像片联测成果、加密成果、图幅设计资料、路线方案资料、图历簿、检查记录、技术设计书、数据电子文档、检测成果及技术总结等。

3 图纸类:地形图、影像图、路线方案及控制导线图、加密点位略图、分幅略图等。

7 数字地面模型

7.1 一般规定

7.1.1 公路数字地面模型应能满足任意点或断面的地面高程插值计算,等高线生成,距离、坡度、面积、体积的量算以及路线平面图、地形透视图的制图等要求。

7.1.2 基础数据的精度应符合以下要求:

    1 以摄影测量为数据源生成的 DTM,其高程插值相对于邻近高程控制点的高程中误差应满足表 7.1.2-1 的规定。

表 7.1.2-1 摄影测量数据的 DTM 高程插值精度

采集数据的比例尺	地形类别	中误差(m)	采集数据的比例尺	地形类别	中误差(m)
1:500	平原	≤±0.2	1:2 000	平原	≤±0.3
	微丘	≤±0.4		微丘	≤±0.5
	重丘	≤±0.5		重丘	≤±1.1
	山岭	≤±0.7		山岭	≤±1.6
1:1 000	平原	≤±0.25	1:5 000	平原	≤±0.4
	微丘	≤±0.45		微丘	≤±0.9
	重丘	≤±0.7		重丘	≤±2.6
	山岭	≤±1.3		山岭	≤±4.0

    2 以地形图数字化为数据源生成的 DTM,其高程插值相对于原地形图的高程误差不得超过原图等高距的 1/2。

    3 以野外实测数据生成的 DTM,其高程插值相对于最近高程控制点的高程中误差应满足表 7.1.2-2 的规定。

表 7.1.2-2 野外实测数据的 DTM 高程插值精度

地形类别	中误差(m)	地形类别	中误差(m)
平原	≤±0.2	重丘	≤±0.5
微丘	≤±0.4	山岭	≤±0.7

7.1.3 各分区 DTM 接边时,不应出现漏洞、重叠,其起始、结尾坐标数据应吻合,接边误差不得大于高程插值中误差的 2 倍。满足精度要求范围内的接边误差应在编辑时予以

修正。

7.1.4 DTM 产品的属性质量和数据处理精度应按随机抽样法进行评定。

7.2 数据获取

7.2.1 数据点采样应根据地形起伏变化的实际情况采点,应优先采集测区内地形特征线和地形特征点,不得遗漏对构建 DTM 的精度起决定作用的地形三维特征信息。

7.2.2 数据采集应符合以下要求:

1 当采用摄影测量方法进行数据采集时,植被覆盖严重或阴影严重地区应实地补测地面三维数据。

2 当采用地形图数字化方法进行数据采集时,应检查已有的数字化地形图文件中各种地形、地物要素表示的方式。

3 当采用野外实测方法进行数据采集时,可采用全站仪、光电测距仪、三维激光扫描或 GPS RTK 等方式采集地形、地物的三维坐标及属性信息。

4 利用地形图数据库数据时,应对数据库中数据的来源、内容、性质、比例尺及精度等进行检查。

5 三维地形数据文件应记录地形及地物的多种属性信息,并包含采样点的坐标(X、Y、Z)信息。

7.2.3 地形、地物数据均应赋予具有统一格式的特征信息码。

7.2.4 数据文件中原始采样数据宜以 ASCII 码记录,每一采样单位内的数据宜按表 5.5.2的规定分类存放。

7.2.5 采样点间距应符合表 7.2.5 的规定。

表 7.2.5 采 样 点 间 距

采样方式	比 例 尺 / 地形类别	1:500	1:1 000	1:2 000	1:5 000
野外实测(m)	平原、微丘	≤10	≤20	≤40	≤100
	重丘、山岭	≤5	≤10	≤20	≤50
摄影测量、地形图数字化(m)	平原、微丘	≤5	≤10	≤20	≤50
	重丘、山岭	≤2	≤5	≤10	≤30

7.2.6 地物点、地形特征线或其他精度要求较高的数据点,当采用摄影测量或地形图数字化方法采集时,应按离散点方式逐点采集。

7.3 数据编辑和预处理

7.3.1 数据录入应采用文件交换方式,并进行字符检校,少量的可采用人工键入,但应作校核。

7.3.2 数据编辑时,应对原始采样数据进行粗差检查与剔除。

7.3.3 数据预处理时,应对通过不同数据源所获取的各种数据进行坐标统一归算、数据分类、统一格式与编码、数据文件的综合(分割)和接边处理,并按数据类别进行数据规格化管理或建立数据库。

7.4 DTM 构建

7.4.1 公路数字地面模型宜采用考虑地形特征点、线三维信息的三角网模型(TIN)或格网与三角网的混合模型(GRID + TIN)的方式构建。

7.4.2 构建数字地面模型时,应考虑对地形特征线、断裂线和地物的处理。

7.4.3 DTM 构建应符合以下要求:

1 采用三角网构建 DTM 时,应对预生成的三角网进行优化处理,消除 DTM 内的平三角形以及边界处的异常大三角形。

2 当用混合建模方法时,应将利用规则格网方式采集的地形点按矩形格网模型构网,局部细节模型应采用三角网模型。

7.5 DTM 成果应用

7.5.1 数字地面模型应用于施工图测设阶段时,原始三维地面数据必须野外实测采集。DTM 高程插值中误差应不大于 ± 0.2m。

7.5.2 纵、横断面插值应符合以下要求:

1 采用数字地面模型计算公路纵、横断面时,中桩桩距和横断面取值间距应符合表7.5.2 的规定。

2 横断面地面线的宽度应满足公路设计的需要。

7.5.3 等高线可通过三角网模型或矩形格网与三角网的混合模型进行等值线自动追踪生成。

表 7.5.2 纵、横断面插值间距

设 计 阶 段		中 桩 桩 距(m)	横断面取点间距(m)
初步设计	方案比选	20 ~ 50	5 ~ 10
	优化设计	10 ~ 30	2 ~ 5
施 工 图 设 计		5 ~ 20	1 ~ 2

7.6 资料提交

数字地面模型及应用应提交下列资料:

1 技术设计书。
2 原始采样资料。
3 记录及检查手簿。
4 采集数据说明文件。
5 属性数据的分类编码。
6 DTM 产品成果及记录格式说明。
7 产品检查报告。
8 技术总结。

8　初　测

8.1　准备工作

8.1.1　应根据初测需要,搜集与项目相关的技术、经济、社会、自然条件以及测绘等资料。

8.1.2　应根据批复的工程可行性研究初步拟定的路线起终点、中间控制点及路线基本走向,在地形图、数字地面模型或航测像片上进行研究,拟定勘测方案。

8.1.3　应根据初步确定的勘测方案编写工作大纲和技术设计书。

8.2　现场踏勘

8.2.1　应根据准备阶段确定的初拟勘测方案,对工程现场进行踏勘。

8.2.2　现场踏勘过程中,应根据项目特点及自然、地理、社会环境调整并确定勘测方法与勘测方案。

8.3　控制测量

8.3.1　各级公路的平面与高程控制测量等级选定、精度指标应按第4章规定执行。

8.3.2　应根据公路等级、路线所在地区的地形和作业条件、拟投入的仪器设备、高级控制点的数量和分布位置等,确定测量控制网的布网方式和作业方式。

8.3.3　二级及二级以上公路必须进行平面与高程控制测量;三、四级公路宜进行平面控制测量,应进行高程控制测量。

8.4　地形图测绘

8.4.1　各等级公路均应根据需要进行地形图测绘。地形图比例尺、等高距的选择、精度要求应按第 5 章规定执行。测图方式应根据所在地区的地形、地物和植被覆盖情况、公路等级及所具备的经济、技术条件等因素综合确定。

8.4.2 地形图测绘范围应根据公路等级、地形条件及设计需要合理确定,应能满足方案比选及构造物布置的需要。

8.5 路线勘测与调查

8.5.1 路线定线时,应充分了解并掌握沿线规划以及地形、地貌、地质、水文、气候、地下埋藏、地面建筑设施等情况。

8.5.2 纸上定线时,应首先将具有特殊要求的位置和设施标注于地形图上。一般位置的平面和高程可从图上判读,对需要特殊控制的地段应进行实地放桩,根据需要进行纵、横断面测量,绘制纵、横断面图。越岭路线需进行纵坡控制的地段,应在地形图上进行放坡,并将放坡点标示于图上。

8.5.3 现场定线一般只适用于三、四级公路的线路选取。现场定线前应在地形图上确定控制点、绕避点,选择路线通过的最佳位置。选设的交点和转点应进行护桩并按照二级平面控制测量的要求测定角度和长度。越岭路线或受纵坡控制的路段,应进行放坡试线。

8.5.4 应根据专业调查的需要进行中桩放样,并对初步确定的人工构造物的位置、交角、类型及尺寸进行现场核查。

8.6 路基、路面及排水勘测与调查

8.6.1 应对影响路基、路面及排水设计的相关因素和条件进行调查,内容包括沿线的气象、水文、水系、地质、土质、植被、水利设施的现状与规划等。

8.6.2 应对沿线地质情况以及特殊地质、不良地质的位置、特征,地形地貌的成因、性质、发展规律,对路基、路面的影响进行调查。

8.6.3 应对附近既有工程路基路面材料、结构形式及使用情况进行调查。

8.6.4 应对取弃土场的位置与条件进行勘测与调查。

8.6.5 应对防护工程的设置位置及条件进行勘测与调查,地质条件特别复杂、防护工程规模较大的工点,应进行控制测量并测绘 1:500～1:2 000 的地形图。

8.7 小桥涵勘测与调查

8.7.1 小桥、漫水桥以及复杂涵洞、改沟工程、人工排灌渠道等,应放桩并实测高程与断面。当地形及水文条件简单时,可在1∶2 000地形图上查取或采用数字地面模型内插获取,但应进行现场校对。

8.7.2 小桥涵(漫水桥、过水路面、倒虹吸、渡槽)的勘测,应实地调查小桥涵区域的自然条件、桥涵位上游汇水区地表特征,现场核对拟定小桥涵的设计参数。

8.7.3 调查拟建小桥涵址的上、下游附近原有小桥涵的设计和使用情况。

8.7.4 改建工程的小桥涵,应查明原有桥涵现状及可利用程度。

8.8 大、中桥勘测与调查

8.8.1 应搜集与大、中桥测设相关的水文、地质、气象、流冰、流木、通航要求等资料。

8.8.2 现场踏勘及调查
1 应现场核查研究工程可行性研究所推荐的桥位方案。
2 应调查桥位所在区域的农田水利、地形、地质、地貌、生态环境、地物分布等情况。
3 应调查河流的形态特征、地质、通航要求、施工条件以及地方工农业发展规划等。

8.8.3 桥梁控制测量
初测阶段可不专门布设桥梁平面和高程控制网,但在布设路线控制网时每岸应各布设必要的控制点,布设的控制点应纳入路线控制测量进行施测。

8.8.4 桥位地形图、水下地形图测绘
1 桥位地形图、水下地形图测绘范围应能满足方案比较和桥梁布孔的需要,桥位地形图还应满足桥头引道和调治构造物布置的需要。
2 桥位地形图、水下地形图的测绘应符合第5章的规定,并包含河流形态、航标和船筏走行线等内容。

8.8.5 应实地放出桥梁轴线、引道位置,并进行纵、横断面测量。

8.8.6 桥位方案确定后应进行水文调查、测量、分析和论证。

8.8.7 跨河位置、布孔方案等应征求水利、航运等部门的意见。

8.9 隧道勘测与调查

8.9.1 隧道控制测量

初测阶段可不专门布设隧道平面和高程控制网，但在布设路线控制网时每端应各布设必要的控制点，并纳入路线控制测量进行施测。

8.9.2 隧道地形图测绘

隧道地形图测绘范围应满足隧道洞口选择和设置的需要，并应考虑辅助工程需要，洞口地形图比例尺宜为 1:500。

8.9.3 隧道定线及放桩

1 应在拟定的概略隧址范围内，对初拟隧道轴线、洞口位置及相应连接线进行勘测与调查。

2 应实地放出洞口附近的中线，并现场核查和测绘洞口纵、横断面。

3 隧道洞身段应根据地质勘察及钻探需要现场放桩。

8.9.4 应搜集与调查隧址自然地理、环境状态、地形、地质、水文、气象、地震等资料。

8.9.5 应对弃渣场地的条件和安全情况进行调查。

8.10 路线交叉勘测与调查

8.10.1 大型或复杂的交叉应进行平面和高程控制测量，并根据需要测绘比例尺为 1:500～1:5 000 的地形图。

8.10.2 公路与公路交叉应进行以下勘测与调查：

1 调查相交公路的名称、相关区域的路网规划、交叉位置、地名及里程、修建时间、公路等级、技术标准、路面结构类型、排水和防护工程情况及其在路网中的作用。

2 补充调查相交公路的交通量、交通组成。

3 测量交叉角度、交叉点高程、纵坡坡度、路基宽度、路面宽度及厚度。

8.10.3 公路与铁路交叉应进行以下勘测与调查：

1 调查铁路名称、等级、轨道数、运行情况、交叉位置地名、与铁路交叉处里程、铁路路侧附属设施、排水条件以及铁路的技术标准、规划等。

2 测量交叉点铁路轨顶高程、交叉角度及路基宽度。

8.10.4　公路与乡村道路交叉应调查相交道路的性质、路面结构、排水条件、交通量及规划。测量路基宽度、路面宽度及路面高程。

8.10.5　公路与管线交叉应进行以下勘测与调查：

1　测量公路与管线交叉的位置、交叉角度、交叉点悬高或埋置深度、杆塔高度以及受影响的长度。

2　调查管线的种类、技术标准、型号、规格、用途、编号、敷设时间等。

8.10.6　互通式立体交叉、分离式立体交叉、复杂的平面交叉应实地放出交叉桩,测量交叉桩号、交叉角度和地面高程。

8.10.7　各种交叉的位置、交叉形式、相交道路改移方案等,均应征求地方政府或主管部门的意见。

8.11　沿线设施勘测与调查

8.11.1　应现场调查拟建沿线设施位置的地形、地貌、地物、植被、水文、地质等自然条件及与各类设施设置相关的技术条件。

8.11.2　重要的沿线设施场地应测绘比例尺为 1:500～1:2 000 的地形图。

8.12　环境保护调查

环境保护应进行以下调查：

1　当地园林工程和适种植被情况。
2　沿线既有道路环保工程实际情况。
3　沿线国家生态保护区、野生动物保护区的情况。
4　沿线水源保护区和湿地的情况。
5　拟建公路可能对当地的生态环境造成的影响。

8.13　临时工程勘测与调查

8.13.1　应对可利用的临时工程进行勘测与调查,包括可供利用的道路、供电、供水、电信等设施的状况。

8.13.2　应对为满足工程需要需修建或架设的临时工程进行勘测与调查。

8.13.3 应调查沿线施工场地的位置及条件。

8.14 工程经济调查

8.14.1 应对沿线筑路材料的供应状况、性质等进行调查，拟定料场采集后的复垦措施，大型自采料场应测绘 1∶1 000～1∶5 000 地形图及纵、横断面图。

8.14.2 应对占用土地数量、性质和种类进行调查。

8.14.3 应对各种拆迁建筑物数量、性质、归属、拆迁费用、到路线的距离进行勘测调查，必要时会同主管部门现场勘察，协商处理方案。

8.14.4 应对沿线伐树、挖根、除草的位置、数量、疏密程度等进行调查。

8.14.5 概算资料调查应符合《公路基本建设工程概算、预算编制办法》的有关规定，满足初步设计概算编制的需要，包括概算编制的原则及依据、材料价格、有关税额、相关费用等。

8.15 内业工作

8.15.1 应对各项外业资料进行检查、复核和签署，对测绘资料进行限差检查并按规定进行计算，对测绘成果进行精度分析和评价。

8.15.2 应对勘测成果进行内部自检和验收。

8.15.3 应按专业分类编绘(制)外业勘测成果图表并编制勘测报告。

8.15.4 当方案调整时，应补充相应各项勘测调查资料。

8.16 资料提交

初测应提交的资料：
1 测量成果及计算等资料。
2 各种调查、勘测原始记录及检验资料。
3 勘测报告及有关协议、纪要文件。
4 根据设计需要编制的各种图表、说明资料。

9　定测

9.1　准备工作

9.1.1　应搜集工程可行性研究、初设阶段勘测、设计的有关资料以及审查、批复意见。

9.1.2　应根据任务的内容、规模和仪器设备情况,拟定勘测方案。

9.1.3　应对初步设计所搜集的资料进行现场核查。

9.1.4　应对沿线地形、地貌及地物的变化情况进行核查。

9.1.5　应对初测阶段施测的路线平面、高程控制测量进行全面检查,当检测成果与初测成果的较差符合限差要求,并且控制点分布可以满足设计要求时,应采用原成果,否则应对整个控制网进行复测或重测,并应重新进行平差计算。

9.2　路线中线敷设

9.2.1　路线中线敷设位置的要求如下:
　1　路线中桩间距不应大于表9.2.1的规定。

表9.2.1　中桩间距

直　　线(m)		曲　　线(m)			
平原、微丘	重丘、山岭	不设超高的曲线	$R > 60$	$30 < R < 60$	$R < 30$
50	25	25	20	10	5

注:表中 R 为平曲线半径(m)。

　2　在各类特殊地点应设加桩,加桩的位置和数量必须满足路线、构造物、沿线设施等专业勘测调查的需要。

9.2.2　中桩平面桩位精度应符合表9.2.2的规定。

9.2.3　设置测站时,应对所使用的测站元素进行检查,当转移测站后,后一站放样前应对前一测站所放桩位重放 1~2 个桩点进行检查。

表 9.2.2　中桩平面桩位精度

公 路 等 级	中桩位置中误差(cm)		桩位检测之差(cm)	
	平原、微丘	重丘、山岭	平原、微丘	重丘、山岭
高速公路,一、二级公路	≤ ± 5	≤ ± 10	≤10	≤20
三级及以下公路	≤ ± 10	≤ ± 15	≤20	≤30

9.3　中桩高程测量

9.3.1　中桩高程测量应起闭于路线高程控制点上,高程测至桩志处的地面,其测量误差应符合表 9.3.1 的规定。中桩高程应取位至厘米。

表 9.3.1　中桩高程测量精度

公 路 等 级	闭合差(mm)	两次测量之差(cm)
高速公路,一、二级公路	≤30 $\sqrt{L}$	≤5
三级及三级以下公路	≤50 $\sqrt{L}$	≤10

注:L 为高程测量的路线长度(km)。

9.3.2　沿线需要特殊控制的建筑物、管线、铁路轨顶等,应按规定测出其高程,其 2 次测量之差不应超过 2cm。

9.4　横断面测量

9.4.1　横断面测量的宽度应满足路基及排水设计、附属物设置等需要。

9.4.2　横断面方向应与路线中线切线垂直,横断面中的距离、高差的读数应取位至 0.1m,检测互差限差应符合表 9.4.2 的规定。

表 9.4.2　横断面检测互差限差

公 路 等 级	距　离(m)	高　差(m)
高速公路,一、二级公路	≤ $L/100 + 0.1$	≤ $h/100 + L/200 + 0.1$
三级及以下公路	≤ $L/50 + 0.1$	≤ $h/50 + L/100 + 0.1$

注:1. L 为测点至中桩的水平距离(m)。
　　2. h 为测点至中桩的高差(m)。

9.5　地形图测绘

9.5.1　应对地形图进行现场核对。地形、地物发生变化的路段,应予修测;地形图范围不能满足设计要求时,应进行补测;变化较大时,应予重测。

9.5.2 修测或补测地形图的技术要求应符合第 5 章的规定。

9.6　路基、路面及排水勘测与调查

9.6.1 应对初测收集的资料实地进行核查,并进行补充和完善。

9.6.2 应调查沿线筑路材料的种类、产地、储量、运距、采运条件及其有关的物理力学性质。

9.6.3 应调查沿线农田水利设施的现状、特点、发展规划,农田耕地表土的性质及厚度等对路基、路面的影响。

9.6.4 应调查沿线水系的分布及相互关系,地表水、地下水、裂隙水等的位置、流量、流向和流速,泉眼的位置和流量。公路通过农田、洼地时,应调查地表水的积水深度、积水时间。

9.6.5 应对路段所经过地区水文、地质、气象、自然条件、土质的适种性等进行勘测调查。

9.6.6 应现场确定路基边坡防护工程的位置、起讫桩号、防护长度和形式。设置防护工程的路段,应实地放出构造物轴线,进行高程测量和横断面测量。

9.6.7 应实地确定改移工程的起讫桩号,敷设改移工程的轴线桩,并进行纵、横断面测量。改移工程的轴线应与路线控制测量联测。改移河道、主干沟渠及等级公路工程,应测绘比例尺为 1:500～1:2 000 的地形图,测绘范围应满足设计要求。

9.6.8 应对该地区既有路面或相似路面的施工技术、施工控制、面层构造和材料、路面现状等进行调查。

9.6.9 应对该地区已有的排水设施工作情况进行实地调查。确定排水设施的形式、横断面尺寸、加固措施,并测量起讫桩号、长度、进出口位置。需进行特殊设计的集水、排水、输水工程设施,应实地放出轴线,进行纵、横断面测量,并根据需要,测绘比例尺为1:500～1:2 000 的地形图。

9.7　小桥涵勘测与调查

9.7.1 应对初测调查的各项内容进行核实并进一步补充。

9.7.2 应实地进行形态断面、河床比降、特征水位和汇水面积等测量工作。

9.7.3 应实地放出小桥涵中桩,并实测沟渠与路线的交角及桥涵纵断面。地形复杂的小桥涵,应在路线中线两侧或河床两侧各施测一个或几个断面,其测量范围应能满足涵底纵坡和进出水口设计、布置桥孔、调治防护工程、计算开挖土石方数量等的需要。

9.8　大、中桥勘测与调查

9.8.1 应根据批准的初步设计方案和审批意见,在初测的基础上进行详细的调查、测量和水文计算,对初步设计的有关资料进行核查和补充。

9.8.2 应根据第4章的规定和表9.8.2的要求,建立满足大桥、特大桥设计精度要求的平面和高程控制网。

表 9.8.2　桥轴线相对中误差

测量等级	桥轴线相对中误差	测量等级	桥轴线相对中误差
二等	≤1/150 000	一级	≤1/40 000
三等	≤1/100 000	二级	≤1/20 000
四等	≤1/60 000		

9.8.3 应对初测时测绘的地形图进行核查和完善,地形图测绘范围、内容和精度应满足施工图设计需要。

9.8.4 应进行桥轴线纵断面和引道测量,测量范围应能满足设计桥梁孔径、桥头引道和调治构造物布置的需要,测量精度按第5.4节的要求执行。

9.8.5 宜在桥位上、下游各选一个断面进行形态断面测量,测量要求与桥轴线测量的要求相同。

9.9　隧道勘测与调查

9.9.1 应对隧道所在位置的地形、工程地质、水文地质、环境等内容进行核实和补充调查。

9.9.2 应根据第4章的规定,建立满足隧道设计的平面和高程控制网。

9.9.3 应在洞口位置前后各50m实放中桩,并根据地形变化情况进行加桩,桩距不应大于 10m。

9.9.4 所有中桩均应进行横断面测量。

9.9.5 分离隧道连接线起讫点宜测至分离式路基与整体式路基汇合处以外 100m。

9.9.6 应对初测地形图进行现场核对和必要的修测和补测,地形图的范围应能满足地质调绘和其他设计需要。

9.9.7 应根据设计需要,对通风、照明、供电、通信、信号、标志、运营管理设施、环保、弃渣场地等进行相应的工程调查。

9.10 路线交叉勘测与调查

9.10.1 应对初测所调查的内容进行核实并进一步补充调查。

9.10.2 互通式立体交叉除应进行主线勘测外,还应进行匝道和连接线测量,其技术要求应与路线测量的要求相同。

9.10.3 不管初测的详细情况如何,定测阶段均应按照第 8.10 节的内容和要求,对交叉道路、管线的交叉角度、交叉点高程、纵坡坡度等要素重新进行测量。

9.10.4 各种交叉的位置、形式、相交道路改移方案等均应与相关部门签订协议。

9.11 沿线设施勘测与调查

9.11.1 应对初测调查的内容进行核查和补充,管理设施、服务设施处的地形、地物如有变化,应修测或补测地形图。

9.11.2 应实地核实沿线设施的总体布局、项目、形式、规模、用地及设置的位置。

9.11.3 应对管理设施、服务设施的连接路线、加减速车道的中线进行实地放样,并进行纵、横断面测量。

9.11.4 应对沿线安全设施设置的位置、类型、起讫桩号或长度进行调查。

9.12　环境保护调查

应对初测阶段调查的有关环境保护的内容进行核实并进一步补充。

9.13　临时工程勘测与调查

9.13.1　应对初测阶段调查的有关临时工程勘测调查的内容进行核实并进一步补充。

9.13.2　对需要修建的施工便桥、便道应进行放样，进行纵、横断面测量并进行相关内容的勘测调查。

9.13.3　当需要架设公路临时电力、电信线路时，应调查相适应的规格种类，并实测其长度。

9.13.4　进一步落实施工场地的位置并签订相应的协议。

9.14　工程经济调查

9.14.1　沿线筑路材料的调查
1　对初步设计确定的料场应逐一核查，并进行进一步的勘测及补充调查。
2　对所有调查的料场应进行比较，根据材料需要量确定采用料场。
3　对大型料场进行必要的勘探与试验。

9.14.2　占地勘测与调查
1　沿线应编绘用地图。
2　应调查各类土地常种作物和近三年平均产量，调查统计独立果树和价值较高树木的株数、直径、数量及产量。

9.14.3　拆迁建筑物以及砍树、挖根、除草等的调查
1　应调查拆迁建筑物位置、范围尺寸、结构类型。
2　应调查需拆迁的建筑设施、重要管线、铁路、水利等工程，当与文物古迹等发生干扰时应与其主管部门协商，落实处理方案和工程措施。
3　调查沿线砍树、挖根、除草的路段长度，并结合工程设计的需要确定工程数量。

9.14.4　应在初测调查的基础上对预算资料进行核实和补充调查。

9.15　内业工作

9.15.1　应对各项外业资料进行检查、复核和签署,检查、复核内容包括测量方法的正确性、野外计算的正确性、记录的完整性等,检查各项勘测调查项目、内容及详细程度是否满足施工图设计的要求。

9.15.2　对于向有关部门搜集的资料,应检查、分析其是否齐全、可靠、适用、正确。

9.15.3　对地形复杂的路线、不良地质地段、大型桥隧、立体交叉等地段的勘测调查资料,必须进行现场核对。

9.16　资料提交

定测阶段勘测应完成和提交的资料如下:
1　控制测量检测、补测或复测记录、计算和成果资料,地形图补充测量资料。
2　各种调查、勘测原始记录、图纸及资料。
3　各专业勘测调查的质量检查及分析评定资料。
4　外业勘测说明书及有关协议和文件。
5　根据设计需要编制的各种图表、说明资料。

10 一次定测

10.0.1 一次定测仅适用于方案明确、地形地质条件比较简单的二、三、四级公路的勘测。

10.0.2 一次定测勘测调查的内容应包含第 9 章定测的所有内容。

10.0.3 一次定测各项工作应符合相应等级公路的测量要求,各项测量精度指标按第 8 章、第 9 章的相关规定执行。

附录 A 控制测量桩规格及埋设示意图

A.0.1 三等平面控制测量桩尺寸图(图 A.0.1)

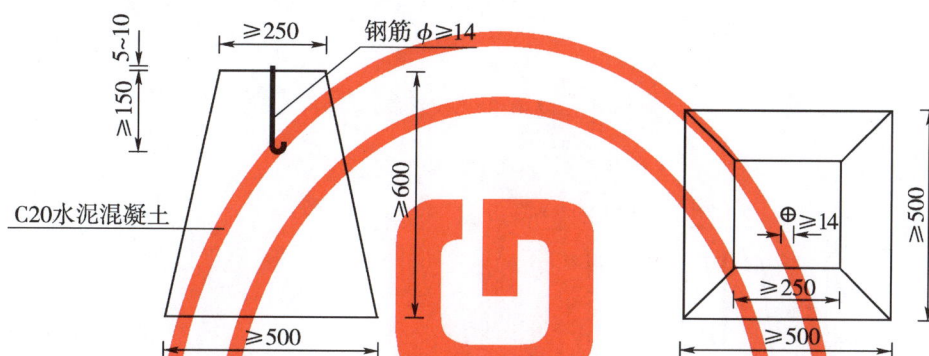

图 A.0.1(单位:mm)

A.0.2 四等平面控制测量桩尺寸图(图 A.0.2)

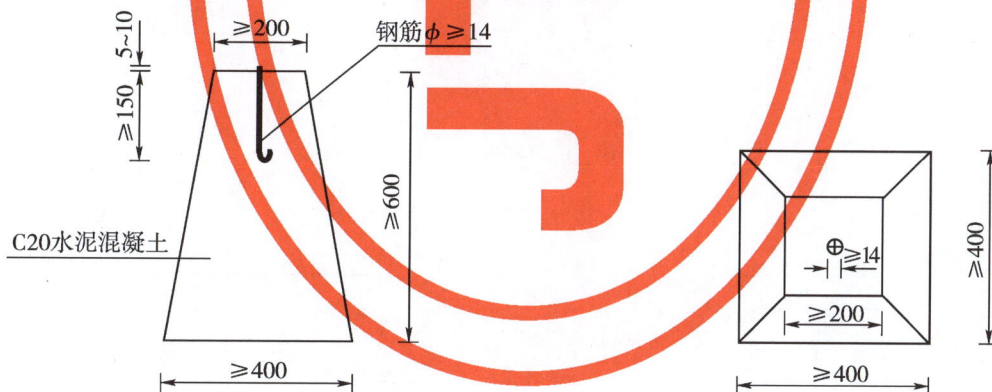

图 A.0.2(单位:mm)

A.0.3 一级平面控制测量桩尺寸图(图 A.0.3)

A.0.4 二级平面控制测量桩尺寸图(图 A.0.4)

A.0.5 三等高程控制测量桩尺寸图(图 A.0.5)

A.0.6 四等高程控制测量桩尺寸图(图 A.0.6)

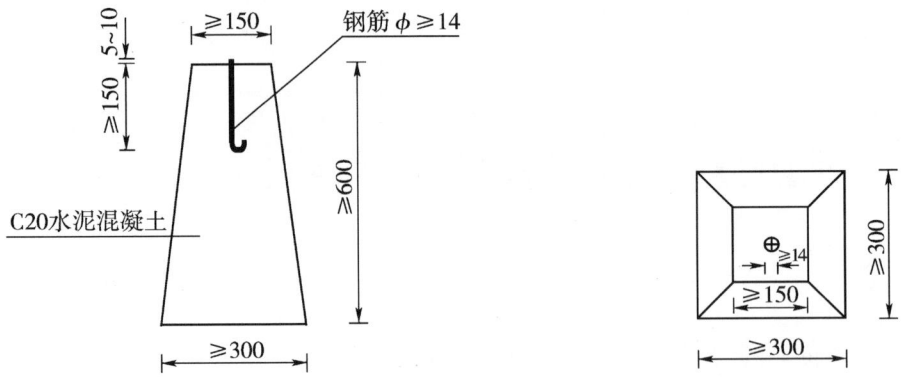

图　A.0.3(单位:mm)

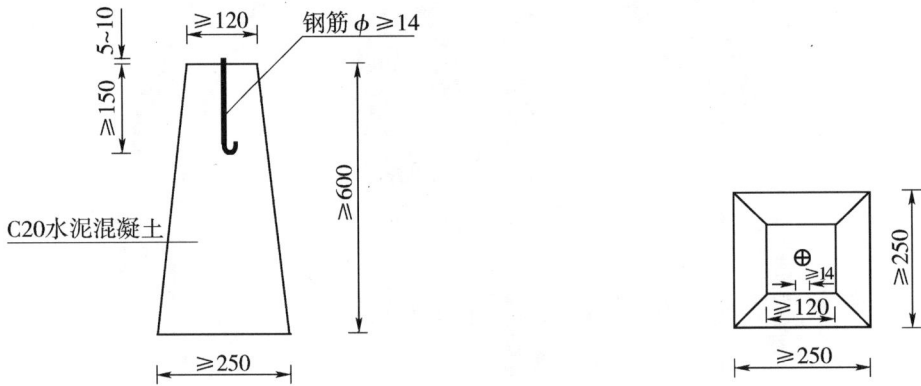

图　A.0.4(单位:mm)

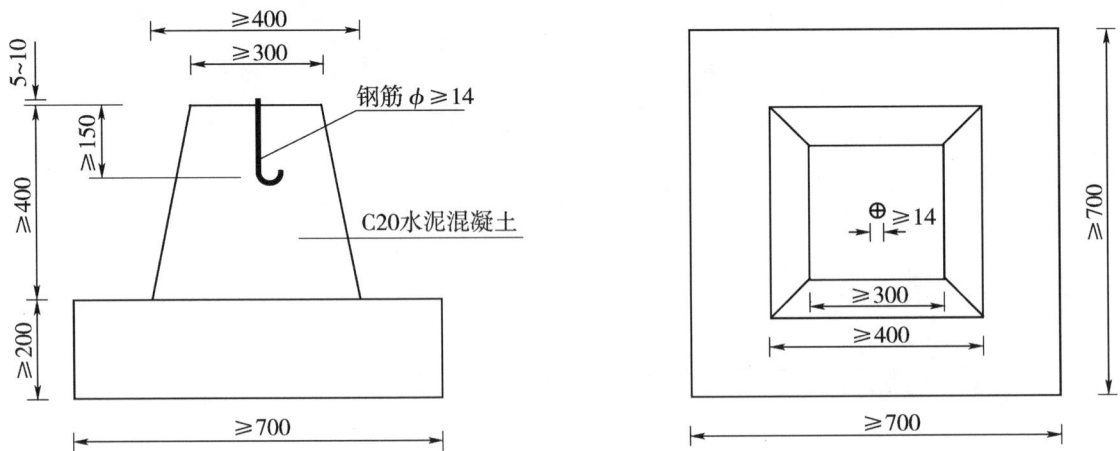

图　A.0.5(单位:mm)

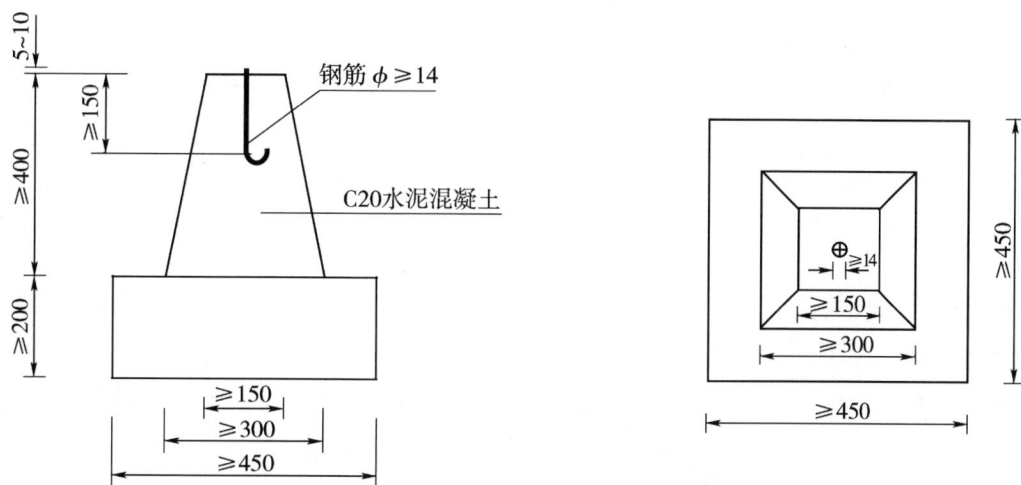

图　A.0.6(单位:mm)

A.0.7　控制测量桩埋设剖面图(图 A.0.7)

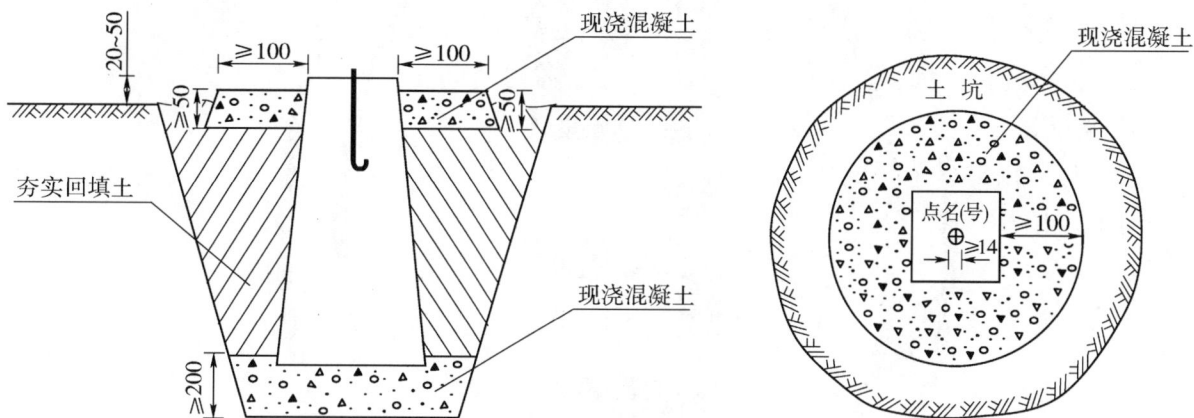

图　A.0.7(单位:mm)

附录 B　本规范用词说明

　　为科学确定技术标准,合理运用技术指标,本规范对各项技术指标条文的规定,按其执行的严格程度,在用词上采用了以下写法,请使用者充分考虑地区之间的发展差别,以及各地域的自然、地理、地质条件的特殊性和差异性,并结合工程项目的具体情况运用。

　　规范条文用词:

　　1　表示很严格,非这样做不可的用词:

　　正面词采用"必须";反面词采用"严禁"。

　　2　表示严格,在正常情况下应这样做的用词:

　　正面词采用"应";反面词采用"不应"或"不得"。

　　3　表示允许有选择,有条件时首先应这样做的用词:

　　正面词采用"宜";反面词采用"不宜"。

　　4　表示允许有选择的用词:

　　正面词采用"可"。

《公路勘测规范》

（JTG C10—2007）

条 文 说 明

1 总则

1.0.1 本规范是在原《公路勘测规范》(JTJ 061—99)、《公路全球定位系统(GPS)测量规范》(JTJ/T 066—98)和《公路摄影测量规范》(JTJ 065—97)的基础上修订而成的。原规范自执行以来,对保证公路勘测质量、促进公路建设事业的发展起到了应有的作用。本规范基本保留了原规范的适用范围、总体框架和主要内容,统一了公路勘测的各项技术指标,对部分内容作了调整,修改、删除了原规范某些不适当、不确切的条款,新增编写了近年来发展成熟的勘测技术。

1.0.2 公路建设分前期准备、设计和施工阶段。前期准备阶段包括立项、工程可行性研究;设计阶段根据《公路工程基本建设项目设计文件编制办法》的规定,其勘测分为初测、定测和一次定测。两阶段初步设计阶段所进行的勘测工作为初测;施工图设计阶段进行的勘测工作为定测;一阶段施工图设计所进行的勘测工作为一次定测。本规范适用于设计阶段的勘测,工可阶段的勘测在调查的项目、内容等方面可参照执行,施工阶段执行相应的施工技术规范,但设计阶段所进行的勘测工作应考虑施工阶段的测量要求。改建项目的勘测与新建项目有所不同,某些测量项目的精度要求更高,勘测的项目还包括原有旧路的勘测,内容更加广泛,在参照本规范的要求时,应顾及旧路改建的特点。

1.0.3 "同等深度"是指勘测项目、范围、内容和精度应相同。

1.0.5 测量精度评定标准通常有三种,即中误差、平均误差及或然误差。当观测次数 n 相当大时,用三种标准来评定精度都是同样可靠的;但当 n 不大时,用中误差评定精度比较可靠,因为它能明显反映出测量中较大误差的影响。实际工作中,由于观测次数有限,因此本规范规定以中误差作为衡量测量的精度。

根据误差理论及统计规律,大于 2 倍中误差的偶然误差出现的可能性约为 5%,其概率已经很小。因此,实际作业时,取 2 倍中误差为极限误差。

1.0.6 按照国家计量规定,严禁使用未经检定或检定不合格的计量设备进行计量。国家测绘局颁布的《测绘产品检查验收规定》和《测绘产品质量评定标准》规定:使用未按期检定的测绘仪器或检定不合格的仪器测制的测绘产品为不合格产品。仪器除应进行定期检定外,有些测量仪器在作业过程中,还应经常进行检测。

1.0.7 公路勘测的作业精度、方法应遵守本规范的规定,勘测活动过程及成果处理应遵守国家有关标准的规定,如《中华人民共和国测绘法》、《中华人民共和国国家保密法》等。

2 术语

2.0.1 公路勘测的定义是根据目前公路勘测活动的适用范围、目的、任务、手段和成果得出的。适用范围分为设计前期和设计过程;目的是满足公路设计需要;任务是采集、搜集路线所经地区的社会、地理、人文景观、经济发展、地形、地质资料等;手段是测量和调查,并进行必要的计算、绘制图表;成果是空间数据和附着信息。公路勘测是为设计提供资料,提供的资料是一种中间成果,因此不一定均要编制勘测文件。但一般情况下,控制测量和地形图测绘需要编制正式文件和图纸,其中控制测量资料根据《公路工程基本建设项目设计文件编制办法》的要求,应作为基础资料成为初步设计文件的组成部分。

2.0.2 独立坐标系是根据需要选择一中央子午线和一投影面而形成的坐标系统。在独立坐标系中,测量的长度在进行计算时应进行投影变形改正。

2.0.3 假定坐标系是在控制网中任意假定一个点的坐标和起始方向而形成的坐标系统,边长投影面为测量边两端点的平均高程面。一般情况下,假定坐标系中测量的长度不进行投影变形改正。

2.0.4 检测时使用的方法和精度不一定与原测量时的要求相同,如一级导线检测时,距离和角度可只测量 1 测回,而不一定按正规导线测量时的要求施测 2 测回,检测亦不需进行平差计算。

2.0.5 复测是指采用与原控制测量同等精度的测量方法,对控制网进行测量并进行平差计算,以检查控制点的精度或恢复被破坏的控制网。

2.0.6、2.0.7 首级控制网等级高于路线控制网的等级。平面控制测量首级控制网一般是沿路线中线附近每 5km 选取一对点,采用 GPS 测量方法施测;路线控制网是在首级控制网的基础上进行加密。另外,当路线附近国家高程控制点较少时,一般首先施测较高等级的控制网,作为首级高程控制网,再在其间布设路线高程控制网。

2.0.8 工点控制网一般利用路线控制网中的一个点和一个已知方向作为起算数据,其等级、精度一般要求高于路线控制网。需布设工点控制网的构筑物一般包括大桥、特大桥,长隧道、特长隧道以及大型枢纽互通立交等。

2.0.9、2.0.10 修测和补测的技术要求应与原测量时的要求相同。

3 测量标志与测量记录

3.1 测量标志

3.1.1 控制测量桩主要是指用于控制测量的 GPS 点、三角点、导线点、水准点以及特大型桥、隧的控制桩。该部分桩志需要保存较长时间,设计和施工阶段都需要经常使用,它是恢复路线控制桩和标志桩的依据,一旦破坏,不但恢复困难,而且影响路线勘测质量,因此控制测量桩应采用可长期保存的材料如混凝土、不易破碎的石质材料或其他具有高强度耐腐蚀的材料制成。为保证具有足够的稳定性,控制测量桩应具有一定的尺寸和质量。附录 A 中规定的规格是正常情况下,埋设混凝土桩所应采用的尺寸。当地表土层比较松软时其尺寸还应加大。具有特殊要求的控制测量桩应根据地质情况和观测要求进行专门设计。如特大型桥梁控制桩,为了保证桩位的稳定性可埋设钢管至基岩,为了提高观测仪器安置的精度,可采用具有强制对中装置的观测墩。

桥位桩和隧道控制桩是特定测量方法条件下的产物,在现有测量手段的条件下,桥位桩和隧道控制桩已经失去了原来桥、隧轴线定位的意义,但作为大型、特大型桥隧位置的标识,桥隧控制桩仍应采用可保存较长时间的材料和桩志。

路线控制桩和标志桩没有长期保存的必要,测设任务完成后一般不再使用,即使丢失也可通过控制测量桩进行恢复,因此路线控制桩和标志桩一般使用木质和竹质桩,当位于具有坚硬地表路段时,可用油漆、记号笔等标注,位于柔性铺装地表路段时,还可钉入铁钉代替。

路线控制桩主要用于"现场定线法"的初测、定测和一次定测的交点桩、转点桩、平曲线控制桩、路线起终点桩、断链桩等。当采用现场定线法进行定线且没有施测控制测量网时,交点桩位具有控制测量桩的性质,应采用控制测量桩或与之相类似的标志。采用纸上定线法且具有控制测量桩时,路线控制桩亦可采用标志桩的规格。

标石规格指标石的高、上顶面长和宽、下底面长和宽。当不同类型的控制桩共用时,上述尺寸均分别以规格较高者为准。

3.1.2 "基础稳定"是指控制测量桩选埋的位置地面应坚实;"易于长期保存的地点"是指一般情况下,农田耕作、交通往来等因素不会对其产生影响;"埋设时应使其具有足够的稳定性"是指埋设时回填土应捣实,在不利用工具的情况下,不可能被人为地破坏;"路线控制桩、标志桩应具有一定的稳定性"是指桩志应钉入地面下一定深度,保证其不摇晃。

3.1.3 中线桩按 0 ~ 9 循环编号是为了避免测量和调查时遗漏桩号,当有其他办法能达到此目的时亦可采用。

考虑到行车时右侧行驶的习惯,分离式路基测量应以右侧路线为全程连续计算桩号。

3.2 测量记录

3.2.1 公路勘测记录采用的专用记录簿不一定是专业机构制印的记录簿,但必须是按作业要求印制的,页码是印制时编排好的,而不应是作业时编排。采用计算机记录时,格式和顺序可以不同,内容亦可能有所差异,但必须具有可查性,保证对具有人为因素影响的数据可进行有效的检核。

3.2.2 画去错误记录的斜线方向一般为从左下往右上。

4 控制测量

4.1 平面控制测量

4.1.1 平面控制测量主要有两方面的作用,一是用于测绘地形图,二是用于中桩测量。从测绘地形图的角度看,公路勘测中测绘的最大比例尺地形图一般为1:500,控制点的平面位置中误差按图上±0.1mm的要求计算,则最弱点点位中误差应小于±5cm;从中桩测量的精度要求看,中桩平面位置误差由平面控制点间相对点位中误差和中桩放样两部分组成,规范规定中桩测量平面位置最小容许中误差为±5cm(平原、微丘区高速公路,一、二级公路),中桩测量时,按边长1 000m,测角中误差±8″估算,则中桩放样误差应为±4cm,则要求控制点最弱相邻点间相对点位中误差为±3cm,因此平面控制测量中要求最弱点点位中误差不得大于±5cm是必要的。另一方面,公路控制测量的各项技术指标都是参考最弱点点位中误差±5cm而制定的,施测控制网时只要按照规范要求的技术指标进行,最弱点平面位置中误差小于±5cm的要求是完全可以达到的,大量的生产实践充分证明了这一点,因此这一规定也是切实可行的。

控制网中某一点的平面位置误差是该点相对于邻近高等级控制点的点位误差,也可以认为是其相邻点的点位误差、它们之间的相对点位误差和高等级控制点误差三部分的联合影响,按照等影响原则,则最弱相邻点间相对点位中误差不得大于±3cm。

最弱相邻点边长相对中误差是根据最弱相邻点间相对点位中误差±3cm和各等级控制网平均边长推算求得的,分别为1/100 000、1/67 000、1/33 000、1/17 000和1/10 000,取整后分别为1/100 000、1/70 000、1/35 000、1/20 000、1/10 000。

平面控制测量应采用GPS测量、导线测量、三角测量和三边测量等方法进行,但不管采用何种方法,只要等级相同,精度要求就应相同,不再区分不同的方法。以最弱相邻点间边长相对中误差表示相应等级所要达到的最低要求作为等级划分的依据,符合公路及其构造物控制网的测量特点,即注重点位间的相对精度。公路平面控制测量采用二、三、四等和一、二级,基本可以满足公路及其构造物测量的需要。

决定桥梁控制网等级的因素有两方面:一是桥型结构,大跨径的简支梁对控制网的精度要求高于小跨径的简支梁,同长度的连续梁对控制网的精度要求高于简支梁,钢梁桥对控制网的精度要求高于相同结构的钢筋混凝土桥梁;二是桥梁跨径和长度,跨径越大、桥梁越长,要求的精度等级越高。综合两方面因素,起主要作用的是桥型结构。表4.1.1-2中单孔跨径桥梁的控制网等级是根据钢结构每节间为16m,节间弦杆制造和拼装的综合误差为±2mm,支座安装误差为±5mm进行估算的。当节间长度较短时,所需要的精度等级可适当降低,但节间长度较长时,精度等级应适当提高。多孔跨径桥梁的结构、材料和组合比较多,所要求的控制网等级难以确定。表4.1.1-2中的使用值是根据桥梁跨径和长度结合实际应用的经验确定的。

对于桥梁长度施工控制,各等级控制测量所规定的精度指标一般能满足精度要求,但对于控制桥墩的中心精度却不易达到。欲使桥墩处于较佳传力状态,桥墩、台应尽可能地减少偏心,一般规定桥墩中心的点位中误差应小于±15mm,按此计算控制网在桥轴线方向上的绝对中误差应小于±4.3mm。这个精度要求是相当高的,常常不容易达到,因此,在实际生产中应采取有效措施提高控制网的精度,如选择有利的观测时间以提高观测精度、增加高精度的基线边、采用强制对中装置强制归心、加强控制点基础的稳定性等。

表4.1.1-2中的"高架桥"是指跨越建筑物群、地质不良地段等小跨径、简单结构、桥梁总长大于或等于1000m的旱地桥梁。该类型桥梁由于跨径较小,结构简单,施工测量条件相对较好,因此控制网精度要求不必太高,但考虑到桥梁施工相对路基部分要求较高,所以根据实际应用经验确定高架桥的平面控制测量的等级应达到四等。

决定隧道控制网等级的因素有两方面,一是贯通面的宽度,二是贯通长度,其中起决定作用的是隧道的长度。表4.1.1-2中隧道控制网的等级是根据隧道长度结合实际应用的经验确定的。

表4.1.1-2中的"隧道贯通长度"是指相向施工的工作面之间的距离。

相邻点间相对点位中误差一般包括距离测量(解算)误差和长度投影变形值所引起的误差。距离测量中误差每边最大±14mm(规范规定的每边最大测距中误差),最弱相邻点间相对点位中误差为±3cm。按照误差理论计算,每边长度投影变形最大容许值为26mm,公路路线控制网的最大边长一般为1 000m,则每公里长度投影变形最大容许值为26mm,因此公路路线平面控制测量坐标系选取投影长度变形值小于2.5cm/km是可取的。大型构造物对测量的精度要求较高,其测量控制网最弱相邻点间相对点位中误差按路线控制网的1/2计算,则大型构造物投影长度变形值应小于1.2cm/km,取值为1cm/km。

4.1.2 《公路路线设计规范》(JTG D20—2006)规定公路的最大路基宽度为42m。路基防护工程需要的最大宽度假定与最大路基宽度相同,则规定平面控制点距离路线中心线的长度大于50m才能保证其不受施工的影响。"宜小于300m"是考虑到某些情况下大于300m可能更有利于放样。一般情况下,距离路线中心线的长度应小于300m。

四等及以上平面控制测量一般用于路线首级控制测量和构造物控制测量,其测量的精度要求较高,为减小方向误差及边长相对误差,因此规定相邻点之间的最小距离不得小于500m。一级及以下平面控制测量,边长太短使定向和边长相对误差影响较大,因此对最短边长作了规定。

表4.1.2中的"平均边长"是指相邻点间平均距离。其值是根据各个等级适用的范围确定的,如一级导线适用于高速、一级公路。高速、一级公路勘测时,点间距以500m比较适宜,太长不便于实际使用,太短将不利于控制导线测量的质量。尽管是一个参考值,但实际作业时数值亦不应与规定值相差太大,这样才能保证测量精度、方便使用。

4.1.3 GPS 测量的固定误差 a 和比例误差系数 b，是根据 GPS 测量的基线测量精度应与激光测距精度相当或高于激光测距精度的原则，结合相应等级的边长以及目前 GPS 接收机的精度水平确定的。如二等 GPS 测量，平均边长为 3km，相应的二等测距边测距中误差为 ±9mm，规定固定误差 a 和比例误差系数 b 分别为 5 和 1，按 $\sigma = \pm\sqrt{a^2 + (b \cdot d)^2}$（$d$ 为基线长度，单位 km）计算，基线最大容许中误差为 ±6mm，小于测距中误差 ±9mm 的要求。另一方面现阶段仪器的精度水平是完全可以达到表 4.1.3-1 中规定要求的。

附合导线长度、导线边数及导线全长相对闭合差均是根据最弱点点位中误差应小于 ±5cm 推算求得的，过程如下：

为方便起见，同时考虑到公路导线测量的实际情况，以等边直伸形导线为特例进行估算。点位中误差由纵向点位中误差和横向点位中误差组成，导线经过角度和坐标平差后，中点的纵向误差和横向误差分别为

$$m_{纵} = \pm m_D\sqrt{\frac{n}{4}}, \quad m_{横} = \pm\frac{m_\beta}{\rho}D\sqrt{\frac{n(n+2)(n^2+2n+4)}{192(n+1)}}$$

可见纵向误差只与测距误差和边数有关，与测角误差无关；横向误差与测角误差、边数和边长度有关，与测距误差无关。由于现阶段距离测量精度一般高于角度测量精度，按 $m_{横} = \pm\sqrt{2}m_{纵}$ 估算，$m_{纵} = \pm28.8\text{mm}$，$m_{横} = \pm40.8\text{mm}$，每边测距中误差、边数、平均边长及测角中误差计算值和采用值如表 4-1。

表 4-1　导线每边测距中误差、边数、边长及测角中误差的估算

测量等级	导线总长（km）	边数	平均边长（km）	每边测距中误差(mm)		测角中误差(″)	
				估算值	采用值	估算值	采用值
三等	18.0	9	2.0	±19	±14	±1.8	±1.8
四等	12.0	12	1.0	±17	±10	±2.5	±2.5
一级	6.0	12	0.5	±17	±14	±5.0	±5.0
二级	3.6	12	0.3	±17	±11	±8.3	±8.0

按照导线中点和终点的误差比例关系，终点的纵向误差是中点的纵向误差的 2 倍，终点的横向误差是中点的横向误差的 4 倍，则可计算出导线终点总的中误差为 ±173mm，导线终点的最大误差值为 346mm，可计算出三等、四等、一级、二级测量的导线全长相对闭合差分别为 1/52 000、1/35 000、1/17 000、1/10 000。

角度中误差以"单位权中误差"相称，而不以测角中误差相称，是考虑到测角中误差只考虑由角度的误差引起的误差，是一个单一指标，而单位权中误差考虑到角度、距离以及高级控制点误差引起的误差，是角度、距离和高级控制点误差的综合指标。

边长测量的测距中误差是根据测距仪的分级和标称精度、测距仪适用范围计算而求得的，从大量的实践资料来看也是能够达到的。如二等测距边，使用 I 级测距仪（表 4.1.4-2），每公里最大测距中误差为 ±5mm，按平均边长 3km 估算，则每边测距中误差应小于 ±9mm。测距相对中误差是根据每边测距中误差和平均边长求得的，二等测距边相

对中误差 $m_{测} = 9mm/3 \times 10^6 mm \approx 1/333\,333$，取整为 $1/330\,000$。

4.1.5 基线测量精度为 σ，则 2 次测量的复测基线互差应小于 $2\sqrt{2}\sigma$。

基线测量精度为 σ，则异步环闭合差应小于 $2\sqrt{n}\sigma$。根据等影响原则，异步环各分量闭合差应小于 $\sqrt{\dfrac{4n}{3}}\sigma$；同步环相对于异步环，其误差源要小得多，取异步环闭合差的 1/5，则同步环基线闭合差应小于 $\dfrac{2\sqrt{n}}{5}\sigma$；基线分量闭合差应小于 $\dfrac{2}{5}\sqrt{\dfrac{n}{3}}\sigma$，取近似值 $\dfrac{\sqrt{n}}{5}\sigma$。

基线测量精度为 σ，则约束平差中基线改正数应小于 2σ。根据等影响原则，约束平差中基线各分量改正数应小于 $\sqrt{\dfrac{4}{3}}\sigma$；考虑到无约束平差中某些基线含有粗差，基线各分量改正数取约束平差相应改正数的 $\sqrt{2}$ 倍，应为 $\sqrt{\dfrac{8}{3}}\sigma$，取近似值 $\sqrt{3}\sigma$。

4.2 高程控制测量

4.2.1 根据《公路工程质量检验评定标准》（JTG F80/1—2004）的规定，公路路基、路面检测偏差应小于 20mm，桥面检测偏差应小于 6mm。上述检测偏差包含控制点之间的相对中误差、检查测量误差。按照测量误差理论和实际经验值推算，控制点最弱点高程中误差应分别小于 $\pm 25mm$、$\pm 10mm$。

根据最弱点高程中误差和各等级每公里高差中数全中误差 M_W，按公式 $L = \left(\dfrac{2 \times M_{弱}}{M_W}\right)^2$（单位：km；式中 $M_{弱}$ 为最弱点高程中误差，M_W 为每公里高差中数全中误差）可估算出相应等级的水准路线允许长度，路线分别为 10km、25km、60km、600km，桥梁分别为 1.6km、4km、10km、100km。

"双摆站"是指使用两台仪器同时观测一对水准尺的水准观测方法，也可使用一台仪器通过变换仪器高方法观测 2 次。由于国家水准点破坏较严重，导致水准路线长度经常超限，为解决这一问题，可采用双摆站的方法进行，这样不仅增加了水准测量的精度，更重要的是增加了水准测量的可靠性，因此可将水准路线长度放宽至 2 倍。2 次高差测量较差与基辅（黑红）面高差之差容许值相同。亦可采用首先建立高等级的高程控制网，再在其基础上加密的办法。

4.2.3 大量试验资料证明，光电测距三角高程测量当距离大于 600m 时，受大气折光的影响将突然增加，考虑到公路控制点间的实际应用距离，因此规定光电测距三角高程测量其边长应小于 600m。三角高程测量的误差是由观测高差等引起的，单次同向观测高差的误差仅受距离测量误差和气象条件的影响。根据误差理论，距离观测误差引起的单次观测高差中误差按垂直角为 15° 估算为 0.6mm，考虑到气象条件的影响估算值为 1.2mm，一测回内同向观测间互差应小于 3.6mm，取整为 4mm，允许互差则为 8mm；四等三角高程测量对向观测高差较差限差为 $40\sqrt{D}$，则单向观测高差中误差为 $\pm10\sqrt{D/2}$，一测回观测高差的中误差为 $\pm5\sqrt{D/2}$，则测回间互差限差为 $10\sqrt{D}$；同理可推出五等三角高程测量同向测回间互差限差 $15\sqrt{D}$，和水准精度要求相同。

4.2.4 跨河水准测量中各测回高差互差限差的公式推导：每公里观测高差偶然中误差为 M_Δ，S 公里的观测高差偶然中误差应为 $M_\Delta\sqrt{S}$。另外 $M_\Delta\sqrt{S}$ 也是 N 个测回平均值的精度，则每一测回观测的精度应为 $M_\Delta\sqrt{NS}$，各测回高差互差的限差为 $2\sqrt{2}M_\Delta\sqrt{NS}$，取整为 $3M_\Delta\sqrt{NS}$。

5 地形图测绘

5.1 一般规定

5.1.1 测图比例尺越大,用于控制测量和地形图测绘工作的资金和时间越多,因此对于不同的设计阶段和对象应选择恰当比例尺的地形图。公路地形图测图比例尺是根据多年的用图经验和实际情况,根据设计对地形图的精度要求和对地形、地物内容的翔实程度以及《公路工程基本建设项目设计文件编制办法》确定的。初步设计阶段当地形、地貌比较复杂,地物比较密切时应采用1:2 000地形图,当地形、地貌比较简单,地物比较稀少时,可采用1:5 000地形图;施工图设计阶段,当地形、地貌特别复杂,地物比较密切时,可采用1:1 000地形图,一般情况下,采用1:2 000地形图,只有当地形、地貌特别简单,地物非常稀少时,方可采用1:5 000地形图。重要工点采用1:500。设计阶段使用的地形图一般用于路线方案设计,初步设计阶段一般路段的纵、横断面的点绘和非重要地物、地形位置的量取均可在地形图上进行,但重要路段的纵、横断面,重要地物、地形位置的获取以及施工图设计阶段的所有勘测工作,一般情况下不应依靠在地形图上确定,必须实测;当所使用的地形图的精度可以满足本规范要求的各项测量工作(纵断面测量、横断面测量、专业调查)的精度时,可考虑在地形图上量取有关数据。

地形图比例尺的选择应以满足公路设计各阶段的需要为原则。

5.1.2 当地形比较平坦,采用表5.1.2中所列等高距表示地形等高线太稀疏,不能很好地表达地形变化时,可加入间曲线。

5.1.4 陆地地形图测绘中,地物点平面位置误差来源主要有解析图根点的展绘误差、图解图根点的测定误差、测定地物点的距离误差、测定地物点的方向误差、地形图上的刺点误差。根据上述各项误差分析,区别重要地物和一般地物求得的地物点平面位置误差见表5-1。

表 5-1 地物点平面位置误差(mm)

比例尺	重要地物	一般地物	比例尺	重要地物	一般地物
1:500	±0.53	±0.74	1:2 000	±0.58	±0.79
1:1 000	±0.59	±0.78	1:5 000	±0.55	±0.66

所以,规范规定地物点位置的中误差,重要地物点为±0.6mm,一般地物点为±0.8mm。

水下地形测量除了上述测量误差外,还有由于船体倾斜引起的平面位置测量误差。该部分误差与水深和船体倾角有关。按水深10m、倾角5°计算,则该部分实地误差为±0.872m,在1:500、1:1 000、1:2 000图上误差分别为±1.744mm、±0.872mm、±0.436mm。因此水下地形图测绘中,图上平面位置中误差分别为±1.9mm、±1.2mm、±0.9mm(测量误差按一般地物的图上精度±0.8mm计算),取整分别为±2.0mm、±1.2mm、±1.0mm。

等高线高程中误差主要受以下五方面的影响,即:图根控制点的高程中误差(m_K)、测定地形点的高程中误差(m_C)、地形概括误差(m_G)、地形点平面位移引起的高程误差(m_Y)、内插和勾绘等高线的误差(m_H)。

$$m_D = \sqrt{m_K^2 + m_C^2 + m_G^2 + m_Y^2 + m_H^2} \tag{5-1}$$

$$m_K = H_d/10$$

$$m_C = m_S^2 \times \tan^2\alpha + S^2 \times (1/\cos^4\alpha) \times (m_\alpha/\rho)^2 + m_i^2 + m_u^2$$

$$m_G = \mu \times \sqrt{L}$$

$$m_Y = m_p \times N \times \tan\alpha$$

$$m_H = 1.0 \times N \times \tan\alpha$$

式中:H_d——等高距;

L——地形点间的最大视距;

μ——影响系数;

m_p——地形点平面误差;

N——测图比例尺分母;

m_S——视距误差;

S——视距;

m_α——测定倾角误差;

m_i,m_u——测量仪器高误差和读数误差。

按上述各式估算出的高程中误差,一般平原区为$(1/3)H_d$、丘陵区为$(1/2)H_d$、重丘区为$(2/3)H_d$、山岭区为H_d。

水下地形图等高线误差除含有陆地地形图测量误差外,还包括水深测量误差、船体倾斜或测线在水流的作用下引起的倾斜误差。水深测量误差可按水深的1/10估算,若取水深10m,则水深测量误差为1m;船体倾斜或测线倾斜引起的测深误差按水深10m、倾角5°计算,则该部分误差为38mm。按陆地微丘区等高线插值的高程中误差以及等高距1m进行估算,则水下地形图测绘的等高线插值中误差应为1.2倍的等高距。

5.1.5 所谓左侧正方向,是指路线前进方向左侧的正东、正西、正南、正北,如路线由南向北,地形图的注记及符号以正西方向为上;如路线由东南偏东向西北偏西,则以正南方向为上。这样一方面保证出版文件时注记符号基本朝上,另一方面保持"正方向",可使得读图不是很困难。

5.1.7 每幅图测出图廓外 5mm,是为了接图的需要,太大没有必要,太小接图不方便,也不准确。两幅图接边时都含有误差,以 2 倍中误差作为极限误差,故为 $2\sqrt{2}$ 倍。

5.2 图根控制测量

5.2.1 图根导线采用支导线形式时,由于支导线可靠性及精度较差,所以规定支导线的边数不宜多于 3 条。

5.2.2 图根点的精度,相对于等级控制点的点位中误差不应大于所测比例尺图上的 0.1mm,这也是在展点误差范围之内的。高程中误差不应大于测图基本等高距的 1/10,这是为了使图根点高程误差对等高线不产生显著的影响。

5.2.4 图根点的密度,除应考虑测图比例尺和地区难易程度外,主要由距离测量的方法决定。采用视距法测距时,由于可测量的距离较短、精度较差,因此规范规定的最大视距长度较小,图根点密度较大,而采用光电测距仪则相反。根据视距法测图最大视距长度,采用式(5-2)估算正方形分幅(50cm×50cm)和矩形分幅(50cm×40cm)每幅图的图根点密度。

$$每幅图图根点点数 = K \times \frac{每幅图的实测面积}{(1.5 \times 最大视距)^2} \qquad (5-2)$$

式中:K——布点不均匀系数。

由于作业员的经验不同,K 值可能差别很大。本手册是采用 $K = 1.5$ 左右进行计算的,并换算为图根点密度(点数/km²),其计算值与取用值列于表 5-2。

表 5-2　图根点的密度

比例尺	每幅图的实测面积(km²)		K 的取值	每幅图图根点点数		图根点密度(点数/km²)	
	正方形分幅	矩形分幅		正方形分幅	矩形分幅	计算值	取用值
1:500	0.062 5	0.05	1.63	9.24	7.4	148	145
1:1 000	0.25	0.2	1.55	12	9.6	48	45
1:2 000	1	0.8	1.35	15	12	15	14

采用测距仪或全站仪测图时,由于设站的图根点至测点的距离可以放长,相应地,图根点的密度可相应减少,根据实践经验取表 5.2.4 中 0.4 倍的值;采用 GPS RTK 测图时,其密度可进一步减少,取表 5.2.4 中 0.2 倍的值,完全可以满足测图需要并保证测图精度。地形复杂、隐蔽及城镇区,应以满足测图需要为原则,适当加大图根点密度。

5.2.5 采用交会法布点时,根据理论计算分析,当交会角在 30°~150° 之间时交会误差最小,交会布点的质量最高。2 次交会坐标之差应小于图根平面位置中误差的 $2\sqrt{2}$ 倍,即 0.28mm,取整为 0.3mm。

关于图根导线测量的技术要求,导线的相对闭合差 $\frac{1}{T}$ 与附合导线长度 L 有如下关系:

$$\frac{1}{T} = \frac{f}{L} = \frac{2KM_Z}{L} \tag{5-3}$$

式中：K——比例系数，取 $K=\sqrt{7}$；

M_Z——导线中点平差后的点位中误差，取 $0.1M$（mm）（M 为测图比例尺分母，下同），导线绝对闭合差 $f = 2\sqrt{7} \times 0.1M = 0.53M$（mm），图根附合导线长度为 $1.0M$（m），则

$$\frac{1}{T} = \frac{0.53M}{1.0M \times 10^3} = \frac{1}{1\,890} \approx \frac{1}{2\,000}$$

当导线长度小于附合导线规定长度的 1/3 时，此时若继续采用按相对闭合差不大于 1/2 000 来衡量，则将有很大一部分短导线达不到要求，故规范规定其绝对闭合差不应大于图上 0.3mm。

图根导线测角中误差的估算公式见式（5-4）：

$$m''_\beta = \frac{2\rho'' M_Z}{L} \sqrt{\frac{12n}{(n+1)(n+2)}} \tag{5-4}$$

式中：n——导线边数。

将 M_Z、L 及 n 相应数值代入式（5-4）进行估算。

根据估算结果，规范确定图根导线测角中误差为 ±30″，导线方位角闭合差不应大于 ±60″$\sqrt{n}$（n 为测站数）；当采用光电测距仪测量距离时，附合导线长度可放宽至 750m、1 500m、3 000m，相应地导线边长可放宽至 75m、150m、300m，导线测角中误差取 ±20″，导线方位角闭合差不应大于 ±40″$\sqrt{n}$（n 为测站数），导线相对闭合差不应大于 1/4 000。

5.2.6 图根水准测量的技术要求，是根据图根水准测量每 1km 高差中误差为 ±20mm 进行设计，并根据实际经验制定的。

5.3 地形图测绘

5.3.1 测绘法所使用的仪器和工具的误差，直接影响测图的精度，故对仪器、工具的误差应有所控制，以保证重要地物 0.6mm、一般地物 0.8mm 的精度要求。

5.3.2 视距法测距长度是根据地形点点位中误差确定的，当垂直角超过 10°时，长度应适当缩短；平坦地形成像清晰时，可放长 20%。

5.3.7 各种地形、地物的表示方法和取舍原则，应重点考虑公路设计、规划、建设的要求。

5.4 水下地形图测绘

5.4.1 水下地形图测绘的平面和高程控制系统、图幅分幅、等高距应与该测区陆上地

形图测绘一致,以便于使用。

5.4.3 测深点的平面定位可采用交会法、极坐标法、GPS RTK 等方法。有条件的应采用能够和 GPS RTK 联合使用、具有可实时测量平面位置、水深功能的测深仪。

5.5 地形图数字化要素分层

5.5.1 标识地物、地貌属性的特征代码设计应符合以下要求:

(1)以现有地形图图式为依据,尽可能使地物、地貌属性的特征代码设计与图式编号一致,并具有实用性、通用性、可扩性。

(2)代码应简单明了,便于转换、使用、扩充,少占内存。

(3)地物、地貌的特征代码分为点、线、面几大类,以便分层处理,为建立地形图数据库奠定基础。

(4)标志数据属性的数据代码,可用汉语拼音缩写表示,也可采用国际惯用的符号表示。

6 航空摄影测量

6.1 航空摄影

6.1.1 在选择航摄仪镜头焦距时,应根据摄区的地形和成图精度要求进行综合考虑,在保证飞机最低安全高度和避免摄影死角的前提下,尽量选用短焦距镜头进行航空摄影。

航摄比例尺是根据其分母与成图比例尺分母之比为 4~6 计算求得的。

6.1.3 飞行质量中像片重叠度、倾角、旋偏角、航高差、航线弯曲度等各项的要求限差取值与国家规范相同。

沿路线走廊的纵向覆盖,要求航带两端各超出分区范围一条基线以上,保证分区接头部位的搭接宽度,避免产生漏洞。

航迹线偏移应小于像幅的 10%,这是对飞行时航迹线偏移提出的比较严格的要求,以保证路线走廊带范围完全包含在像片有效范围之内。

6.2 航测外业

6.2.1 在像控点布设时,提出了像控点离方位线的距离应大于 60mm,其目的是为了有效保证像控点控制的成图范围,避免在航测内业成图或补图时因像控点离方位线的距离较小致使成图范围受到限制。

6.2.4 关于航带段首末端点间的间隔基线数估算,是根据王之卓、李德仁、郑肇葆教授提出的精度估算公式[式(6-1)~式(6-4)],将成图时允许加密点的精度(以地面的比例表示)分别代入该式,以反求航带段端点间的基线数。

$$常角 \quad M_S = \pm 276 m_q \sqrt{n^3 + 20.5n + 35} \qquad (6-1)$$

$$中角 \quad M_S = \pm 0.239 \frac{H}{f} m_q \sqrt{n^3 + 85n + 52} \qquad (6-2)$$

$$宽角 \quad M_S = \pm 0.239 \frac{H}{f} m_q \sqrt{n^3 + 30n + 52} \qquad (6-3)$$

$$M_Z = \pm \frac{H}{8b} m_q \sqrt{n^3 + 12n + 95} \qquad (6-4)$$

式中:M_S——加密点的平面中误差(m);

M_Z——加密点的高程中误差(m);

H——相对航高(m)；

b——像片基线长度(mm)；

m_q——视差量测的单位数中误差(mm)；

n——航向相邻控制点间的基线数；

f——摄影主距(mm)。

平原、微丘区 $b = 85mm$；重丘区 $b = 80mm$；山岭区 $b = 70mm$。m_q 取值，对于宽角、特宽角为 0.025mm，对于常角为 0.02mm。

公路航测多采用单航带摄影，M_S、M_Z 为单航带加密最弱点处的平面和高程中误差。

6.2.7 像控点的选刺是提高成图精度的重要一环，规范强调了像控点应选择影像清晰、棱角分明的明显地物点。在《公路勘测细则》(JTG/T C10—2007)中进一步说明了像控点应选在相邻像片上影像清晰、近于直角的线状地物的交点或地物拐角上。但在海滨或水网地区，有些在像片上位置和刺点目标良好的点位，到实地去选刺时，发现目标已不存在，这是因为受潮汐及人为因素的影响，故需特别注意。

6.2.9 对于像片控制测量的精度要求，规范是根据误差分配原则和生产实际能达到的精度提出的。误差分配原则：前工序的作业成果对后一工序影响最小；最后总精度一定达到要求。航测外业工作是航测内业工作的前工序，所以在考虑航测外业允许误差时，也根据此分配原则。像片平面控制点精度，以往均定为不超过图上 0.1mm，这在中、小比例尺成图中是容易达到的，但大比例尺成图就不容易达到。所以规范规定，像片平面控制点的点位中误差为 1/5 成图精度，即：平原、微丘为图上 0.12mm；重丘、山岭为图上 0.16mm，占地物点总误差20%。

6.3 航测内业

6.3.1 规范中规定内业加密点，对最近野外控制点的平面和高程中误差，分别不大于地物点平面位置中误差 $1/\sqrt{2}$ 和等高线高程中误差的 $1/\sqrt{3}$。规范中规定的具体数值即以此原则进行计算并凑整后的值。这样规定对像片纠正、微分纠正和立体成图均能保证成图的最终精度，能满足公路勘察设计的要求。

6.3.2 野外控制点只转标不转刺，作业中依据像片上野外刺孔，绘制的详细点位略图和说明，在室内进行影像判断。这样可减少由于转刺带来的刺孔偏差。

区域网平差时，由于用于公路勘察设计的航片比例尺较大，使得在飞行过程中很难保证像片能在六度重叠内选点。为保证区域内像片连接及构网，很有必要将像片重叠处选取双点，使其旁向连接。双点连接也可增加内业加密的可靠性。

为了不致出现过多的孔位，影响立体观测，规定一个点位只刺孔一次，刺于过主点且垂直于方位线的像片上。

加入湖面、水库水面以及 GPS 测量等辅助数据，可以提高加密的精度及成果的可靠性。

6.3.3 航测内业成图目前已从传统的模拟测图、解析测图发展至全数字摄影测量测图系统。根据我国勘测领域从事航空摄影测量的设备调研可知，目前国内主要有 HELAVA、Virtuozo 和 JX4 系列三种全数字摄影测量系统，传统的模拟测图仪与解析测图仪已完全淘汰。全数字摄影测量系统的出现，使得航测内业在作业方法及产品形式上也发生了根本性的变化。

模型连接较差采用式(6-5)、式(6-6)估算：

$$m_s = \pm 1.66 m m_q \times 10^{-3} \tag{6-5}$$

$$m_h = \pm 1.21 \frac{mf}{b} m_q \times 10^{-3} \tag{6-6}$$

式中：m_s——平面位置中误差(m)；

m_h——高程中误差(m)；

m——像片比例尺分母；

m_q——上、下视差量测中误差(mm)；

f——航摄仪主距(mm)；

b——像片基线长度(mm)。

立体测图时，对于宽角、特宽角 $m_q = 0.025mm$，常角 $m_q = 0.02mm$，解析测图仪 $m_q = 0.01mm$，取 2 倍中误差作为限差，由此推得模型连接允许的较差。

虽然全数字摄影测量在作业手段与方法以及产品形式上发生了根本性的变化，但目前生产与科研单位仍沿用这一模型连接较差作为限差，实践证明是可行的。

6.3.5 规范中影像图的影像分为可见光全色黑白航空像片、可见光真彩色航空像片、假彩色红外航空像片、黑白红外航空像片等。在公路勘察设计中，不同的阶段对影像图的需求是不一致的。工程可行性研究阶段主要表现总体方案、区域地质、地貌及经济状况，用粗略的像片平面图即可，即将航摄像片简单拼接，概略比例尺归化，不必要进行精确纠正，即使在重丘、山岭区亦如此。在初测阶段及定测阶段，主要是做方案比选及在优选的方案基础上进行施工图设计，要求影像图准确，此阶段需要像片平面图及正射影像图。

影像地形图是在像片平面图或正射影像图上叠加等高线，它与常规地形图相同，可以直接用于公路设计。

纠正镶嵌时，底片刺点中误差为 0.04mm，纠正对点中误差为 0.3mm，裁切线、重叠、裂缝中误差为 0.1mm，片与片、带与带接边中误差按像片纠正时综合法成图的地物平面位置中误差不超过 0.6mm 考虑。

7 数字地面模型

7.1 一般规定

7.1.1 数字地面模型 DTM(Digital Terrain Model)是现代测绘技术发展的产物,最早在公路计算机辅助设计(CAD)中得以应用。数字地面模型是利用不同的地形数据采集设备,采集大量地形点、线的三维信息,并按照一定的数学模型分析和联网,使这些空间点按照数学模型要求的规律来描述地形起伏的数字模型。

DTM 系统主要包含三部分内容:地面数据获取、DTM 的构建和成果应用。从目前国家或地区地理信息数据库(GIS)的建立以及大量的 DTM 应用实践来看,摄影测量技术仍是地面原始数据获取的最主要、最有效手段。DTM 技术是最新发展的数字摄影测量(DPS)技术中重要的组成部分;DTM 系统也是联结公路(CAD)设计与测量技术之间必要的环节。

7.1.2 DTM 的精度高低在一定程度上直接决定了以 DTM 为基础的公路工程设计的质量,因此,用于工程设计的 DTM 的精度必须满足相应设计阶段的要求。

基础数据的精度可以通过制定严格而规范的地形三维采集作业技术要求及数据预处理中的粗差剔除的手段来保证。

高程处理的精度可以通过选择优秀的、优先顾及地形三维特征线(包括特征点)信息的 DTM 软件,并通过选择三维特征点线、密度适中且分布合理的地形三维碎部点共同参与构网计算的手段来保证。

规范中提出的利用不同方法采集地形数据的 DTM 高程插值精度指标是综合考虑了外业及内业不同作业工序中的高程精度指标后制定的。

在以摄影测量方法进行数据采集时,由于测绘生产单位主要应用数字摄影测量设备采集地面三维数据,由数字影像匹配后带来的量测误差已经很小,DTM 基础数据的精度主要取决于摄影测量空三加密计算后像控点的精度和立体模型绝对定向的精度。规范给出的摄影测量数据的 DTM 高程插值精度(重丘区、山岭区)是根据误差传播定律利用这两项中误差计算确定的。

当采用地图数字化或扫描矢量化方法采集地面三维数据时,首先需要控制的精度就是平面精度,包括图纸的定向精度和地图数字化(矢量化)采集的精度。图纸定向过程中选择控制点时应注意包括图廓点,以使定向控制点所包围的区域面积最大,以利于提高图纸定向的精度。在扫描图纸定向选取控制点的过程中,应在屏幕上放大图像仔细选取控制点,这对提高图纸定向精度是非常必要的。

在给数字化的图形元素赋高程值时应该特别仔细,当确认高程有困难时,应缩放图形窗口仔细判定,确认正确数值后再进行高程赋值,避免数据采集粗差的出现。根据地图数字化或扫描矢量化采集时,限差不得超过1/2等高距的要求,相应确定数据采集的高程中误差不得超过1/4的等高距。规范中此次明确规定地图数字化或扫描矢量化采集时平面及高程方面的精度指标,是为了保证采集数据的质量。

利用野外实测地面数据建立DTM的精度是根据地形类别来划分,具体的指标是根据地形类别、采样密度、DTM内插处理的精度等控制因素综合确定的。根据公路工程项目实际应用野外实测数据建立DTM的经验,在采样密度没有明显增加、地面植被较为稀疏的条件下,在重丘区及山岭区采集地面数据建立DTM的高程插值精度可以控制在0.3m之内。但在地形特别复杂、地面植被密集导致采样密度变小的情况下,要想获得较高的DTM高程插值精度就比较困难,因此规范中确定的重丘区及山岭区采集地面数据建立DTM的高程插值精度(中误差分别为±0.5m、±0.7m)是一个综合指标,也是客观可行的。

7.1.3 接边精度可以通过DTM软件的网形优化功能,来有效剔除局部的"平三角形"与"边界上错误的大三角形",并使相邻的DTM部分有一定数量的公共点等措施得到保证。这样不仅保证了DTM的接边精度,而且可以确保利用DTM进行高程内插计算结果的可靠性。

"平三角形"是指在构建DTM时,由于该处缺少地形三维特征信息而导致的DTM内局部三角网为同一条等高线上点联网生成的错误结果。

"边界上错误的大三角形"是指在构建DTM时,没有将整个区域边界上的地面点排序生成联网的三维约束线,导致的DTM边界以外出现的边界上点联网生成异常大三角形的错误结果。

7.1.4 DTM产品质量用属性质量和数据处理质量来评定。具体的检查方法有利用DTM内插生成等高线与同期同比例尺的地形图套合检查(等高线套合检查法)、DTM的三维可视化检查、计算检查点的高程内插中误差等方法。其中等高线套合检查法、三维可视化法检查DTM是否异常、是否进行过优化、特征线是否完整等主要是在三维图形环境下进行的,尽管在三维图形环境下更容易发现数据中的粗差,但这是凭主观判断进行质量评价的。在实际工程应用中,为了精确地评定DTM的数据处理精度,一般是采用一定数量的检查点的内插高程与实测高程的差计算高程内插的中误差。

关于属性质量,目前还没有某种可靠的量化指标,因此规范中主要以定性指标加以规定。在数据采集时优先考虑地形三维特征信息的规定,同时兼顾了提高数据处理质量和属性质量的需要。

7.2 数据获取

7.2.2 数据采集的要求

对于公路工程中实际应用的几种DTM模型建立与数据处理的方式而言，摄影测量的数据采集方式是最主要且有效的方式。采样方法包括选择采样法、混合采样法、等高线法、规则格网法、渐进采样法、剖面法等，这些方法可以是人机交互式的或自动化的。工程设计过程中，由于对DTM的计算精度与数据处理效率的较高要求，宜采用选择性采样及混合采样的地形三维数据采集方法。在植被覆盖严重或阴影严重地区，应采取野外实地补测地面三维数据等措施。

在将DEM（数字高程模型）应用于工程实际时，应该对测区的地形实际情况及勘察设计的不同阶段加以区分，明确各个设计阶段及不同类别的DEM应用应达到的精度指标，根据需要达到的精度指标确定应采用的地形数据采集方法及采样密度。在条件及时间许可的情况下，可以分别采集和构建同一地区的两组不同密度及精度的DEM，分别供进行工程方案研究与方案详细设计使用。这样既保证了进行工程设计方案快速比选的需要（经济、高效），又满足了工程方案详细设计时利用DEM进行高程内插计算对于结果精确的需要（准确、可靠）。

在自动影像匹配之前，应进行数字影像匹配的预处理工作。利用数字影像的地形特征线作为制约条件进行匹配预处理，其目的是提高影像匹配的质量，防止出现错误的影像匹配结果，并确保地面三维数据量测的质量，也就从根本上杜绝了大范围出现地形数据采集错误的可能性。

（1）优先考虑地形三维特征信息的选择性采样方法

分析测区的地形情况，优先采集对整个DTM精度提高影响较大的地形特征线及断裂线三维信息，保证线上的点位有足够的密度。其次以联机图形方式逐点采集地形特征点、地形碎部点的三维信息，应确保数据采集的质量。利用选择性采样的地形数据构建出的DTM，能够最大程度反映地形的真实起伏变化，精度高，数据量相对较少。

（2）基于全数字摄影测量工作站影像匹配相关的混合采样方法

混合数据是链状数据（即地形断裂线、结构线、水涯线、道路与大坝等人工构造物的上、下边线等构造线）与根据规则格网采样获取的数据结合后形成的一种数据。该方法具有快速、高效的优点，但建立的DTM的整体精度比利用地形三维特征线、点及不规则分布的地形碎部点建立的DTM的精度略低，总的数据量也要大。

（3）地形图数字化采样方法

已有地形图的数字化可利用数字化仪或大幅面高分辨率工程扫描仪完成，采集数据用的地形原图应是干净、平整的聚酯薄膜图或纸质良好的图纸。需要特别注意的一点是原图中不清楚的线画及被符号或注记压盖的线画（特别是等高线）应先补充描绘清楚。图纸定向过程中对图纸进行变形改正时，选取的定向控制点应为图廓点或相距尽量远的格网点，定向控制点数应不少于4个，并尽量利用多个（或全部）点位清晰、分布均匀的图廓点及格网点作为定向控制点，应采用最小二乘平差方法进行图纸变形改正和比例尺校正。选择多个定向控制点的目的是为了提高图纸定向及变形改正的精度，目前有的测绘生产单位通常选择16个以上的定向控制点来保证作业的精度。

手扶跟踪数字化（高程需人工键入）的优点是所获取的向量形式的数据在计算机中比

较容易处理;缺点是速度慢、人工劳动强度大。

扫描数字化或称屏幕数字化是将地图扫描得到的栅格数据转换成矢量数据,目前主要采用半自动化跟踪(需人工干预)的方法,这样既可以减轻人工劳动强度,又能使处理软件简单、易实现。

对于利用地形图等高线和高程点等数字化后生成的 DTM 来说,DTM 的误差包括原始地形图的精度、进行图纸定向的误差、采点误差。采点设备误差包括数字化仪或扫描仪的误差;人为误差包括数字化对点误差及高程赋值误差;图纸定向误差类似于航测内业成图的绝对定向误差,这种误差主要来源于控制点数字化和控制点大地坐标匹配时产生的误差。

对于已有的数字化地形图文件,检查的目的是为了保证文件的数据格式统一,并且排除二维的数据参加后续的 DTM 构网计算。

(4)野外实测数据采样方法

全野外地形数据采集的方法与摄影测量的选择性采样法相似,在室内采集数据的步骤和要求基本一致,与摄影测量的选择性采样法不同之处是在野外无法直接采集等高线数据,因此在利用全站仪进行野外采集时,宜主要采集地形的三维特征线、特征点,以及点位分布合理的地形离散点等三维信息。利用激光扫描设备进行野外三维地形数据采集时,应注意选择目标清楚、特征明显的点作为公共控制点,注意避免出现由于前面物体遮挡或不同测站间有数据裂缝的不利情况。

当条件许可时,利用 GPS RTK 进行三维地形数据采集也是可行的方法。但应注意GPS 接收机锁定卫星及信号稳定的情况;还应注意当地重力异常值是否已知、有多少常规方法测定的水准点,以便进行 GPS RTK 测量的高程拟合解算。

(5)利用既有地形数据库信息方法

目前在某些地区尤其是大、中城市及其附近地区,已建立起了大比例尺的区域地图数据库或 GIS 系统。据调查,这些数据来源不一,精度也不一定完全一致,因此对于其中可用的地形数据在考虑其精度、内容及适用性和可操作性后,亦可采用。

根据实践经验,数据采集的形式主要取决于工程设计计算的精度要求和数据采集、记录、存储的方便程度;数据采样结果的好坏将直接影响到工程设计的成果,而无论采用何种数学模型描述地面,均无法弥补由于采样造成的精度损失。

7.2.4 原始采样数据文件以 ASCII 码方式存储是为了便于各种系统均能通用;规定以采样单位按地形、地物分类存放是为了有利于数据的检核、管理、保存,避免大的损失。在实际作业过程中,还可以根据任务书及建立 DTM 软件具体功能的要求,选择存储为 DWG或 DGN 格式的三维图形文件,图形文件中地形特征线、特征点、等高线等要素应严格分层、分属性存放。同时应保证存储的 DWG 或 DGN 格式文件中的地形三维数据、特征线三维数据信息能够被所使用的 DTM 处理软件正确读取。

7.2.5 DTM 的处理精度很大程度上取决于采样点的密度、精度及其合理性与特征代表性,而各种内插方法在考虑构网时地形特征线优先法则处理后,其精度差别较小。采样间距涉及到地面模型的精度要求、地形类别、特征及采样设备和记录装置的容量和处理速度等方面。数字模型的精度要求越高,点的密度要求越大;在地形复杂的地区,为正确反映地形特征,也要求有较大的点位密度,尤其是地形特征点、特征线采集的完整性及可靠性。

采样点平均间距按式(7-1)确定。

$$D = \text{INT}\left[\frac{\sqrt{A}}{\sqrt{n}-1}\right] \tag{7-1}$$

式中:D——采样点平均间距(m);

　　　A——采样面积(m^2);

　　　n——采样点数。

7.2.6 用于参与 DTM 构网计算的地形碎部点、某些地物点、地形特征点、特征线等的三维数据在采集时应仔细切准并记录(按离散点方式逐点采集),采用野外测量方法采集数据时,跑点人员宜一次完成同一条地形特征线上点的测量。这样可保证离散点的数据质量,特别是高程数据的质量以及 DTM 的精度。

7.3 数据编辑和预处理

7.3.1 对数据传输方面的规定是为了保证数据交换的正确性。

7.3.2 数据编辑

影响 DTM 精度的因素是多种多样的,其中 DTM 原始数据的质量是最主要的影响因素。不管采用何种测量方法,测量数据总会包含各种各样的误差,这些误差从不同方面影响了 DTM 原始数据的质量,而 DTM 原始数据的质量又将严重影响最终 DTM 产品及其派生产品的精度或保真度,因此在实际应用的过程中应该高度重视并予以专门的处理。

对来源不同的原始采样数据应进行坐标转换的处理和文件格式统一性的检查,其目的是为了保证所有参与 DTM 建模的数据处于相同的坐标系里,并且属性代码、文件格式统一。

数字地面模型必须保证每个原始地面点的正确性,否则,插值处理时会出现"大脉冲"现象,所以挑错(剔除粗差)是一项必要而仔细的工作。数据点的挑错可采用程序自动剔除法、人工法、人机交互法或图形编辑法。

程序自动剔除法能够快速剔除高程值过大或过小的异常点,只需在数据预处理过程中确定本区域内正常高程值的范围,正常高程值范围外的地形点即被数据处理程序自动剔除掉。但对于高程在正常值范围内的粗差点却无法自动剔除。

人机交互方式剔除粗差是一种简便可行的方法,这一方法通常适用于独立的粗差点,但处理的速度慢。

对于一定面积范围内整体数据出现的错误,则采用图形编辑方法较为合适。利用图形多个视窗的显示功能,可以快速确定某些等高线采集时高程赋值的错误,通过与上、下相邻等高线高程的对比以等高距为依据,修正等高线的错误高程,然后就可生成正确的地形三维数据文件,供随后构建数字地面模型时使用。

对原始采样数据应进行粗差检查与剔除。除了可采用计算机自动挑错或人机交互挑错、采用分段预生成 DTM 后按三维图形显示方式进行编辑和查错的方法外,还可以采用预生成的 DTM 内插生成的等高线与已有的数字化地形图等高线套合法检查、DTM 分层设色法判断区域色块是否异常等数据点粗差检查方法。对于一个特定的研究区域,在三维透视图上可疑点是否表现为粗差非常直观,很容易正确判定。利用分层设色法时,在 DTM 模型中高程范围的层次划分越细、对应的颜色赋予的越丰富,检查粗差就越方便,效率越高。这种三维可视化检查粗差的方法对于局部区域的数据非常有效,因此,可将大面积或长里程的地形三维数据分块进行检查,发现并剔除粗差数据后,再进行全部数据构建三维 DTM 模型的处理。

由于 DTM 有着非常适宜于建立三维可视化的特点,所以可以首先通过目视效果对粗差进行检测,有粗差的地形是很不自然的。因此,在实际应用中,可以首先通过目视与程序自动剔除正常高程范围外数据点的方法组合来进行粗差的检测,然后再使用各种方法进行自动或半自动的粗差探测与剔除。这种将不同的粗差探测与剔除的方法组合使用的办法是 DTM 实际应用中的一种行之有效的方法。

规则地物在几何图形上有其内在规律性,而在采样过程中必然会带有某种误差,这将影响这些地物的正确表示。规范要求对这些地物作必要的规格化处理,通常可用平差或几何纠正等方法予以自动改正。

7.3.3 数据编辑和预处理的工作是将那些分别采样的数据文件进行统一坐标换算、格式与编码标准的统一、数据校核、剔除粗差、文件及记录的归类、合并、接边处理等。

7.4 DTM 构建

7.4.1 目前已有多种数字地面模型的建立及其插值方法在研究和生产中得以应用,应该说,每一种模型或插值方法都有其一定的适应范围或某种地形适应能力。公路工程应用 DTM 时可采用其中的一种或几种模型以适应不同的数据采样方式或地形特征。本规范推荐优先考虑地形三维特征信息以三角网方式构建的数字地面模型系统、基于全数字摄影测量工作站自动影像匹配相关的混合采样方式构建的数字地面模型系统两种建模方案。

7.4.2 数字地面模型在进行数据处理时,均应考虑地形特征线、断裂线和地物的处理,其目的是为了保证 DTM 成果的质量,同时不会遗漏重要的公路、铁路、立交、大坝等人工构造物。

7.4.3 DTM 的构建要求

建立的三角网 DTM 应先对预生成的三角网进行优化处理,其目的是为了确保 DTM 后续的高程内插等工程实际应用成果的可靠性。三角网模型适用于利用各种方法独立采集的地面三维数据,以及利用不同方法联合采集的多源数据的构网处理。

当用混合建模方法时,应首先将利用规则格网方式采集的地形点按矩形格网模型构网,在地形特征线两侧的局部细节模型应为三角网模型。这样进行数据采集与处理的方法不仅结合了矩形格网模型与三角网模型各自的优点,而且保证了不会遗漏重要的地形特征线三维信息。

矩形格网与三角网混合模型适用于全数字摄影测量方法采集及从数据库中提取的三维规则格网及地形特征线、点数据建立地面模型。在实际应用中,在大范围内一般采用规则格网附加地形特征数据,如地形特征点、山脊线、山谷线、断裂线等的形式,构成全局高效、局部精确的三维数字地面模型。

7.5 DTM 成果应用

7.5.1

数字地面模型可应用于公路勘察设计的各个阶段,但在每一个阶段具体应用的过程中,参与进行 DTM 构网计算的数据来源及构建 DTM 网的方法有明显区别。

在公路工程的施工图设计阶段,其构网的基础地面数据必须是利用野外方法实测采集的,根据数字地面模型内插纵、横断面地面线时必须满足如下条件:

参与构建 DTM 网的原始数据是通过全野外测量的方法采集的地面实测数据(排除植被的干扰),同时采集了能够反映地形起伏真实情况的三维地形特征线、地形变化特征点、断裂线、水涯线,及每侧双线采集的已有道路、大坝、田垄、陡坎的上下边缘线等特征边线。采集的数据点位密度合理,经过检查后没有粗差,并且满足规范中相应的精度要求。

参与构建 DTM 网的原始地面数据是通过三维激光扫描设备在野外以较高的点位密度采集的地面数据,并且实地的植被较为稀疏,激光束可以直接扫描到地面。

DTM 软件构网时必须是以优先考虑地形三维特征线的形式构建三角网,软件包应具备数据粗差的检测及剔除功能,以及三角网优化剔除 DTM 网内同一条等高线上点互联的"平三角形"及"边界上错误的大三角形"、可交换对角线等确保构网最终质量的功能。

7.5.2 纵、横断面插值

表 7.5.2 规定了纵、横断面的取值间距范围。实际使用中,当地形变化比较平缓时,可取其较大值;当地形变化较大时,应取其较小值;对个别应特别控制的路段,应根据需要按第 9.2 节、第 9.4 节的要求取值。

在进行"纵断面地面线插值"以及随后的"横断面地面线插值"计算时,有一个问题需要软件使用者特别注意:即根据当前数模的边界范围重新确定插值的起、终点桩号范围时,要尽量舍弃特别靠近 DTM 边界的桩号点,因为在 DTM 边界的个别三角面有可能是不可靠的,甚至是错误的。尤其是使用没有三角网优化功能的 DTM 软件包时,更要注意这个问题,这样就可以避免内插出错误的结果。

7.5.3 由于受 DTM 采样点分布情况及密度的限制,由直接内插计算生成的等高线的美观性都较差,而且数据点越稀这种情况就越严重。因此,为了能获得视觉效果良好的光滑等高线,就需要在这些离散的等高线点之间进行插补。插补的方法很多,常见的光滑函数有:多项式法、分段三次多项式、张力样条、分段圆弧、三点法、五点法(Akima 法)。在这几种曲线光滑方法中,五点法的效果较好。

三角网 DTM(TIN)计算生成等高线时可以直接利用原始数据,避免了 DTM 内插的精度损失,因而生成的等高线精度较高,并且由于在生成 TIN 时可顾及地形的三维特征,所以在进行等高线追踪时,不必再考虑地形特征。

7.6 资料提交

生成 DTM 数字产品与传统方法生成地形图线画产品一样,应具备完整的生产过程及其质量检查记录。

8 初测

8.1 准备工作

8.1.1 资料搜集是初步设计外业勘测、方案研究必不可少的工作。本条内容仅是一个原则性提示，还应根据项目特点，增加相关的资料搜集的内容。资料搜集可自上而下进行，不齐全的资料，还应在踏勘阶段及勘测过程中补充搜集。

8.1.2 初步确定初测路线方案（包括比较线）是指室内方案研究，主要在于理解"工可"所确定的修建原则、技术标准的掌握与应用情况，并根据地形、地理、地质等条件，在小比例尺地形图上，拟定各种可行的路线方案（包括比较线）。室内方案研究宜在1:10 000地形图上或数字地面模型上进行，三级及三级以下公路可在更小比例尺地形图上进行。

数字地面模型是成熟的先进的工程设计技术，本次修订将其正式写入规范。该项技术在我国公路设计中的应用刚刚起步。将此项技术写入规范的目的在于鼓励、倡导有条件的设计单位应用该项技术。

设计方案的论证及比较是初步设计的重要任务。方案研究时不能遗漏任何有价值的方案，通过现场踏勘，确定进一步比较的价值及可能性。

8.2 现场踏勘

8.2.1 现场踏勘是勘测前必不可少的程序，本次修订对现场踏勘程序予以强调，踏勘调查和应现场落实的具体内容在《公路勘测细则》（JTG/T C10—2007）中进行了规定。

8.3 控制测量

8.3.3 控制测量包括平面控制测量和高程控制测量，其成果是控制工程空间位置的依据，对于勘测及设计均具有重要意义。

考虑到二级及二级以上公路技术标准较高，必须有较精确的定位精度，因此规定二级及二级以上公路必须进行平面及高程控制测量。四级以下公路的平面测量控制点可以交点桩、转点桩等桩位代替，因此，可以不专门进行平面控制测量。但交点桩、转点桩等桩位由于尺寸规格偏小，不能作为高程测量控制点的标石，因此应专门埋设高程控制点，进行高程控制测量。

8.4 地形图测绘

8.4.1 地形图是基础测绘成果之一,是线形、线位进一步调整优化及人工构造物布置的依据。本节规定各等级公路在初测阶段均应完成地形图测绘这项工作。

8.5 路线勘测

8.5.2 实地放线的点或路段因为很重要,所以对其测量的数据必须准确,否则就失去意义。放桩桩位、中桩高程及横断面测量精度要求按定测要求执行。

8.6 路基、路面及排水勘测与调查

8.6.1 影响路基、路面及排水设计的因素是众多的,本节仅对路基、路面及排水设计应勘测与调查的基本内容进行了规定,这些最基本的调查内容是一定要完成的,否则,路基、路面及排水设计就难以进行。特殊路基、路面、排水、防护、改河及改路工程的勘测与调查在《公路勘测细则》(JTG/T C10—2007)中进行了具体的规定。

8.7 小桥涵勘测与调查

8.7.1 小桥涵位置可在大比例尺地形图上拟定,但应到现场进行核对和调查。地形图上小沟渠及农田灌溉、排涝渠道等的位置和流向有时不十分准确,同时公路修建后往往引起两侧农灌体系或排洪体系变化,不进行现场调查,小桥涵的数量难以控制。

8.8 大、中桥勘测与调查

8.8.1 本条规定了大、中桥勘测与调查应搜集的基本资料,应搜集的具体资料内容在《公路勘测细则》(JTG/T C10—2007)中进行了规定。

本条仅规定了踏勘及调查的一般内容,实际调查时要根据桥位的具体情况增加相关调查内容,以满足确定桥梁位置、孔径、交角、结构形式和桥位方案比较的需要。

8.8.3 桥梁控制测量

桥梁控制测量,一是控制桥位地形,为选择桥位和桥位设计服务;二是控制桥轴线,为施工图设计和施工放样服务。由于初测至施工可能有较长的时间,加之初测时桥位还未最终确定,因此桥轴线控制测量放在定测阶段比较合适。

8.8.4 桥位地形图是选择桥位和布置桥孔、引道、调治构造物的重要基础资料和设计

依据。

桥位地形图的测绘范围较大，路线平面控制网的布点，一般不能满足测绘桥位地形图的需要，因此测图时需在路线平面控制网的基础上扩展和加密，以适应测绘桥位地形图的需要。

8.9 隧道勘测与调查

8.9.4 隧道调查包括自然地理概况调查、环境调查、地质调查及弃渣条件调查，其目的是为隧道位置及洞门的选择和设计提供资料。

隧道位置、形式的选择及相关技术要求是隧道设计的问题，本次修订将这些内容删除。本节仅对隧道初测中勘测与调查的要求进行规定。

8.10 路线交叉勘测与调查

8.10.2 公路与公路交叉

交叉形式包括立体交叉及平面交叉，立体交叉包括互通式立体交叉及分离式立体交叉。本节规定了公路与公路交叉应勘测与调查的基本内容。

1 相交公路的等级及在路网中的作用、交通量与交通组成等，是确定交叉的形式、规模、技术标准的依据。相交公路及相关区域的路网发展规划，直接关系到交叉工程方案的合理性、建设规模及适用性，因此必须收集有关材料。相交公路在路网中的作用，是指该路在路网结构中的地位及在政治、经济、军事、地区与境外关系等方面所起的作用。

2 工程可行性研究虽提供了交通量资料，但不可能提供所有与公路交叉的交通量情况。另外，随着时间的推移，社会、经济的不断发展，交通量及其增长也会出现差异。因此，应进行补充调查。交通量的补充调查除向交通主管部门搜集资料外，还可选择部分观测点观测核查。

3 相交公路在交叉处的原有工程设施需重建或改建，与原有公路的交叉角度、交叉点高程、纵坡坡度、路基宽度、路面宽度、路面结构及各层厚度、排水防护工程等情况均应查明，作为交叉设计的依据。

8.10.3 公路与铁路交叉

交叉形式包括分离式立体交叉及平面交叉。本节规定了公路与铁路交叉应勘测与调查的基本内容。

公路与铁路交叉涉及的问题较多，主要是交叉位置、交叉形式、交叉角度、交叉点轨面高程、交叉处的净宽、净高及道口设岗、照明、通信、安全管制的设置等。应征求铁路部门的意见，配合建设单位签署协议。

8.10.4 公路与乡村道路交叉，应按照乡村道路的性质、用途、通行车辆数量和类型，确定交叉位置、形式、交叉角度和技术标准。通道或人行天桥的宽度应以原有道路为基础。乡村道路密集的路段,在不致影响居民生产、生活的前提下,应考虑适当合并交叉点。如通道在横向排水沟、渠附近,也可与小桥合并设置。

8.10.5 公路与管线交叉,悬空管线应测量其对应路中心地面净空高度,调查并计算最大弧垂;埋置式管线应开挖测量其埋置深度及走向,并标示于地形图中;管线与公路平行或接近时,测量其距路中线的距离及杆塔高度。管线种类较多,涉及的部门也很广,正规管线均设有标志和编号,较易识别,应调查清楚。

8.10.6 重要交叉的放桩和测量,不仅是为了满足交叉工程设计的需要,对总体设计及线形设计均具有重要意义。因此,本条规定了放桩及测量要求。地形图可与路线地形图一并测绘。

8.10.7 交叉工程涉及的部门多、社会影响大、调查难度也较大,特别是与沿线居民生产、生活息息相关的道路交叉及改道工程,其设置位置及密度均应积极征求地方政府或主管部门的意见。若对相交设施产生干扰或造成拆迁的,应与其业主或主管部门签订书面协议,作为设计的依据。

8.11 沿线设施勘测与调查

8.11.1 沿线设施一般包括管理机构和养护设施。管理机构包括管理局(路网级)、管理处(路线级)、管理所(路段级)和管理站(收费站、隧道管理站)等。养护设施包括养护工区、养护道班等。服务设施包括服务区、停车场、公路汽车站等。管理养护设施的位置应从整体和局部两方面考虑,整体应从项目所在路网综合考虑,局部应考虑场站的地形及与城镇的位置关系等。公路等级和投资渠道不同,管理养护机构的模式、规模、设备等也不同,应结合项目的实际情况,在调查研究的基础上,综合确定其设置位置、规模与内容。

8.12 环境保护调查

根据《中华人民共和国环境保护法》的规定,"建设项目的环境影响报告书,必须对建设项目产生的污染和对环境的影响作出评价,规定防治措施,经项目主管部门预审,并依照规定程序报环境保护行政管理部门批准。环境影响报告书经批准后,计划部门方可批准建设项目设计任务书"。因此,公路环境保护调查,应以环境影响报告书和项目主管部门的要求为依据,并结合公路实际及《公路环境保护设计规范》(JTJ/T 006—98)进行。

8.13 临时工程勘测与调查

临时工程包括施工道路、施工场地、房屋、电力、电信等。本规范所称的临时工程是指建设施工期间临时性的建筑设施，不包含由于该公路工程建设而需要配套的永久性工程。

利用原有公路作施工便道，除调查公路状况可否利用外，还应调查已有的交通量和公路主管部门的意见。有的公路由于交通量较大或靠近城市，或由于市容与卫生方面的要求，可能不允许施工车辆通行。

施工场地，包括预制场、拌和场、施工单位驻地等场地。在复杂的地形条件下，有时施工场地布置十分困难，需全面调查、统筹安排，充分利用地形条件及土地资源。

8.14 工程经济调查

工程经济调查包括沿线筑路材料调查，占用土地调查，拆迁建筑物调查，砍树、挖根、除草调查，临时工程调查及概算资料调查。

8.14.1 沿线筑路材料调查

筑路材料包括砂、石、黏土、石灰、砖瓦、粉煤灰、水及其他路用材料。

在材料料厂（场）调查中，应注意沿线矿渣及工业废渣的调查。矿渣及工业废渣只要能够满足路用材料的技术要求，就要尽量利用。应对矿渣及工业废渣取样试验，进行可用性评价。

自采料场的勘探，可根据情况设置勘探线，采用坑探、槽探、钻探等方法进行勘探。料场的产状条件和水文条件对开采条件影响很大，故应着重调查。

在调查时，有些料厂（场）能够提供产品合格证或试验资料，这些资料不能作为确认产品质量的依据。应实地取样，做相应的试验并进行质量评定。

8.14.2 公路占地包括公路工程用地、管理服务设施用地、施工用地等。占用土地调查，应按《公路工程技术标准》（JTG B01—2003）所规定的设计用地界线范围内的用地进行调查。由于各级地方政府都有一些规定，调查内容除按《中华人民共和国土地管理法》外，还应按地方政府的有关规定进行。

土地类别包括旱地、水田、草地、林地、荒地等。土地属性指属于国家所有或集体所有。

8.14.3 拆迁建筑物调查

（1）所有建筑物的位置与路线的关系应准确，以确定是否需拆迁。并调查需拆迁建、构筑物的结构状况、楼房层数和面积，以及需拆迁建、构筑物与其他建、构筑物的关系，并进行整体考虑研究，同时应取得业主单位或使用人的同意。

（2）与铁路、公路、水利、电力设施以及各种管线的干扰，应在现场测定准确位置及与公路的关系和干扰的情况，提出初步意见后，与主管部门协商研究解决处理方案和措施。

8.15　内业工作

8.15.1　内业中对具有检核条件的测量数据进行限差检核，超限的应进行重测，如控制测量、图根测量、纵断面测量等。测绘成果均应进行精度分析并应满足精度指标要求。

外业通过测绘与调查，取得了设计所需的原始基础数据和资料。这些数据和资料应经过复核、检查确认无误后方可使用。

8.16　资料提交

应提交的成果，是在外业期间至少应完成的工作。

除此之外，还应完成主管部门及业主要求的其他有关工作内容；当进行外业验收时，还应制作满足外业验收条件的设计图表。

初测的外业最终验收，是由交通主管部门或业主主持进行的。通过验收，听取交通主管部门或业主对勘测成果及初拟设计方案的意见。应根据验收意见和方案设计的需要，进行必要的补充勘测与调查。

9 定测

9.1 准备工作

9.1.1 施工图设计是在工程可行性研究报告及初步设计基础上进行的,应认真收集前阶段的各项资料,对初步设计的审批意见应认真研究,做好路线方案的优化,在难以决定最优方案的地段,应比选 1~2 种方案进行实测调查,并确定推荐方案。

9.1.3 现场核查内容包含初步设计阶段的所有勘测调查内容,沿线的地形、地貌及地物的变化可能影响初步设计方案的选定,应在实地对照地形图进行核对,尤其是在初步设计完成较长周期后进行定测时,应注意地下光缆、电力、通信设施、大规模的建筑群的变化。另外应重点考虑初步设计中线位的调整及主要构造物的调整方案。

9.2 路线中线敷设

9.2.1 中桩间距系指相邻中桩之间的最大距离。整桩的采用,重丘、山岭区以 20m 为宜;平原、微丘区可采用 25m。一般 50m 整桩桩距应少用或不用,桩距太大会影响纵坡设计质量和工程数量计算;当曲线桩或加桩距整桩较近时,整桩可省略不设,但百米桩不应省略。

特殊地点应设加桩,一般是指路线纵、横向地形变化处;路线与其他线状物交叉处;拆迁建筑物处;桥梁、涵洞、隧道等构造物处;土质变化及不良地质地段起、终点处;省、地(市)、县级行政区划分界处;改、扩建公路地形特征点、构造物和路面面层类型变化处;道路交叉中心;隧道、涵洞及通道的进出口处等。

9.3 中桩高程测量

9.3.1 高速公路,一、二级公路高程控制测量一般采用四等水准测量。四等水准测量的闭合差限差为 $20\sqrt{L}$,中平水准测量闭合于四等水准控制点,其闭合差取四等水准测量闭合差的 $\sqrt{2}$ 倍,约为 $28\sqrt{L}$,取整为 $30\sqrt{L}$。根据质量检测统计,中桩高程的检测互差极差小于 5cm 的约占 80%,5~10cm 约占 17%,10cm 以上的约占 3%,故三、四级公路采用 10cm,高速公路,一、二级公路要求较高,对高程的控制较严,规定为 5cm。

9.3.2 沿线需要特殊控制的建筑物、管线、铁路轨顶等,对高度的精度要求较高,因此要求较严,2 次测量之差不应超过 2cm。

9.4 横断面测量

9.4.2 横断面测量是路基设计和计算土石方数量的依据。目前公路施工中采用机械化作业,对土石方的精度要求可以适当放宽,但随着经济的发展,土地征用、建筑物拆迁、工程改移等对横断面测量的精度要求愈来愈高,尤其是占用农田及经济作物、城镇拆迁处、跨越公路铁路等地段,应注意横断面征地边缘横断面测量的精度,采用有累计误差的横断面测量方法应当慎重。应根据所要达到的精度,选择适当的测量方法。

9.5 地形图测量

当地形、地物变化的范围超过 1/5 以上时,地形图应重测。地形图补测在变化范围较小的情况下才进行,具体情况应具体分析。

补测时,应利用原有的图根点或具有坐标的地物点进行。局部地区地物变动不大时,可利用经过校核、位置准确的地物点进行。

9.6 路基、路面及排水勘测与调查

9.6.6 根据边坡土质的稳定性及工程量情况,路基边坡的防护与加固常用的类型有:种草、铺草皮、植树、抹面、护面墙、干砌或浆砌护坡、抛石、石笼、挡土墙或浸水挡土墙,以及丁坝、顺坝等调治构造物。

路基边坡防护与加固调查时,应注意根据当地的自然条件和具体情况,因地制宜、就地取材,选用适当的工程类型或采取综合措施,确定防护工程的位置和形式,对于高填深挖采用挡土墙的地段应实地放出构造物轴线,进行纵、横断面测量,以便于构造物的设计。

9.6.7 当设计公路路基不可避免地占用河道(沟渠)、旧有道路时,需要将河道水流改向,将旧有道路改移。

改移河道、主干沟渠及等级公路工程,应测绘比例尺 1:500～1:2 000 的地形图,测绘范围包括旧有工程及现有设计工程的范围。

因路基挤占河床或沟渠而导致人工改移工程。改移河道通常是将原河道外移或裁弯取直,因而改变了河流的一些特性,故应尽量在小范围、短距离内改移。河道改移应使新河道水流不直接冲刷路基,力求顺河势,符合自然河流特征,同时应考虑与农田水利相配合。

改移工程应测量纵、横断面及地形图,并进行工程数量调查。

9.6.9 排水勘测与调查

(1)路基排水的任务是把路基工作区内的土基含水量降低到一定的范围内。排水勘测与调查中必须做好地面水和地下水的排除工作,以确保路基、路面具有足够强度及稳定性。

(2)地面排水设备分为边沟、截水沟、排水沟(泄水沟)、跌水与急流槽、积水池等;地下排水设备按作用和使用条件的不同主要分为三种类型:暗沟、渗井和渗沟。定测期间应对各类排水设施设置的位置、长度、形式及断面尺寸进行核实。

(3)应进行汇水流量的调查,据以确定路基、路面排水的形式、设置位置、断面尺寸、加固措施。

(4)在勘测与调查中应注意各种排水设备的衔接,使之构成统一、完整的排水系统。

(5)需作特殊设计的集水、排水、输水工程设施,应实地进行平、纵、横测量,汇水面积难以确定或工程复杂等地段,宜进行 1:500～1:2 000 比例尺地形图测量并进行水文调查。大型排水沟、渠应实地放出轴线桩,并进行水准测量和横断面测量。

9.7 小桥涵勘测与调查

定测阶段小桥涵的调查是在已批准的初步设计的基础上,根据当地地形、水文地质、材料和施工条件并配合路线整体需要,通过充分的调查、观察、测绘、勘探和试验,合理地选定桥涵及其他小型排水构造物的类型、位置、孔径及基础深度,正确处理主体工程与附属工程的关系。

9.8 大、中桥勘测与调查

9.8.1 大、中桥桥位定测主要是在初测的基础上进行局部调整和补充。应认真研究初测的资料,进行必要的补充、完善和验证。定测阶段大、中桥的勘测工作包括桥位平面控制测量、桥位高程控制测量、桥位地形图测量(含水下地形)、桥轴线纵横断面测量及流向、流速、流量、洪水位、形态断面、汇水面积的调查。

9.8.2 桥梁平面控制测量主要用以确定桥轴线间距离、位置和方向,因此桥位平面控制网应有足够的精度,控制测量等级应满足桥轴线中误差的要求。控制网的精度由桥长、结构形式、材料、孔径大小、施工方法等因素而定,一般定测时可按规范中表 4.1.1-2 确定控制网等级,同时应符合规范中表 9.8.2 的要求。特殊桥梁的桥轴线相对中误差与规范中表 4.1.1-2 的等级不一致时,应采用桥轴线中误差所需的控制网等级。精度要求很高的桥梁,应根据桥梁的结构、跨径等估算桥轴线长度相对中误差,确定控制测量的等级。当初设阶段已施测桥梁控制网时,应对其精度、等级进行核查,并对桥梁控制网进行复测。

桥梁平面控制网的布设,可采用多边形、双大地四边形、边角网或导线网等形式。

随着 GPS 技术的发展,GPS 测量愈来愈普及。GPS 测量具有精度高、劳动强度低等优点,因此在确保相邻点间通视的情况下,桥梁平面控制测量可考虑采用 GPS 方法施测。

桥梁平面控制网采用独立网的形式,坐标系统宜采用桥梁墩、台平均设计高程面。为与线路衔接,线路控制应以独立网坐标为准,对接线控制重新进行平差。

9.8.4 桥轴纵断面和引道测量

(1)桥轴纵断面的测绘范围应测至设计洪水位以上,应能满足设计桥梁孔径、桥头引道、调治构造物布置的需要。

(2)地表起伏较大、地质复杂的桥址应在桥轴线上、下游各 6～20m 测辅助纵断面,并在辅助纵断面范围内增测辅助横断面。

(3)桥轴纵断面陆上部分和引道、接线纵断面测量,各测点与起点间测距误差不应大于测段距离的 1/2 000,横向偏距不应大于 0.1m。

(4)桥轴纵断面水下部分的测量应按第 5.4 节的规定执行。

9.9 隧道勘测与调查

9.9.1 隧道是修建在天然地层中的建筑物,从方案选择、设计直到施工,均须考虑地质条件。地质条件包括:岩层性质、地质构造、岩层产状、裂隙及风化的发育程度,隧道所处深度及其与地形起伏的关系,地层含水程度,地温及有害气体情况,有无不良地质现象及其影响等。同时隧道施工对周围环境有一定的影响,定测阶段应对初测阶段的地理概况、环境和地质等内容进行补充调查与核实,并对工程地质和水文地质作出评价与结论。

隧道位置应尽量避免接近大断层或断层破碎带,如必须穿越时,应尽量垂直其走向或以较大的角度斜交。在新构造运动活跃地区,应避免通过主断层交叉处;在倾斜岩层中,隧道应尽量垂直岩层走向通过;在褶曲岩层中,隧道位置应选在褶曲翼部。隧道应尽量避开汇水地层、有害气体地层、含盐地层与岩溶发育地段。隧道一般不应在冲沟、山洼等地形处通过。

洞内中线应尽量避免弯道,无法避免时应注意考虑弯道变化及设置距离的技术指标。隧道进出口与路基、桥梁的连接线应符合设计规范要求,注意平、纵、横的协调。

9.9.3 当洞口附近地形、地质等直接影响洞外工程与洞内平、纵面的设计、排水及附属工程时,桩距应加密至 5～10m。

9.9.5 隧道是路线的重要控制地物,为便于方案确定或调整,左、右行分离的隧道连接线起讫点宜测量至分离式路基与整体式路基汇合处以外 100m,以便作平、纵、横面协调,尤其在洞外工程复杂的情况下。

9.9.7 隧道的通风是关系到营运安全的重要因素,应进行详细调查,认真拟定方案。

9.10 路线交叉勘测与调查

9.10.1 初设所拟定的立体交叉方案,由于设计阶段和深度的不同,以及随时间的推移,地形、地物、社会、经济、规划等会有不同程度的变化,因此,对初测拟定的各种交叉道路等级、交叉形式等应进一步核查,根据变化情况调整交叉的布设方案。

9.10.2 匝道、连接线应按路线测量相同的要求进行中桩测量、纵横断面测量。由于匝道半径一般较小,中桩测量应适当加密,精度要求与主线相同。

9.10.4 为保证各种交叉方案的有效实施,交叉的位置、形式、标准等,均应征求地方政府或主管部门的意见。

9.11 沿线设施勘测与调查

9.11.1 定测阶段沿线设施还应调查以下内容:

(1)调查和实地核实沿线设施的总体布局、项目、形式、规模及位置是否满足行车通行条件,特别要注意在使用设计极限纵坡及控制物的地段安全设施是否满足要求。

(2)实测管理服务设施进出口变速车道及连接线的中线,并进行纵、横断面的测量,以满足设施布置的需要。

9.14 工程经济调查

9.14.1 沿线筑路材料的调查

对初步设计确定的料场应进行逐一复查,不可遗漏有价值的料场。对所有的料场应从材料品质、储藏量、运距、开采条件等方面进行全面的经济技术比较,采用品质好、距离近、开采条件好的料场。对大型料场和特殊材料料场进行必要的勘探与试验,如果地形复杂难以开采需作单独设计图时,应视实际情况测绘地形图,以便精确计算有用矿层数量和采运条件。在确定材料产地到路线的运输方式时,如地形复杂、工程较大,可进行一定深度的测量与调查。

9.14.2 占地勘测与调查

(1)对初测阶段的地形图应进行详细检查,对变化的地物、地形应进行修测或补测,以满足占地图的要求。用地图应标出中线、桩号、用地类别的分界线、用地宽度、使用人或产权单位等。如路线地形图不能满足土地分类和占地数量计算时,应测绘占地图。

(2)应注意公路、河流、沟渠改移工程的用地及返还,以及取、弃土工程等占地调查。

9.14.3 凡拆迁工程都应调查其位置、范围、尺寸、结构类型及产权单位或个人。对管道、电力、电信设施,应调查其杆或塔架的类型、编号和数量以及高度和埋置深度。各项拆迁应调查测绘清楚后与有关主管部门联系,协商拆迁事宜和落实处理方案。

9.15 内业工作

9.15.3 对复杂的路线、大型结构物工程地段,包括桥梁、隧道、互通式立体交叉、不良地质以及高填、深挖地段等,应进行现场核实。核对的目的是发现问题,以便及时修改和调整设计。

9.16 资料提交

定测阶段应提交的勘测资料必须经过有效的检查,签署完备,并附有自检报告,以保证勘测资料的质量。

10 一次定测

对于方案明确,地形、地质条件比较简单的二、三、四级公路,由于路线方案比较容易确定,基本不存在方案比选的问题,因此可以采用一次定测的程序进行各项勘测和调查。采用一次定测只是由于方案明确,但不能减少专业调查的内容、降低勘测的精度,所以勘测调查内容应包含第 9 章勘测调查的所有内容,各项工作的测量精度应符合相应等级公路的测量要求。

公路工程现行标准、规范、规程、指南一览表

（2017 年 5 月版）

序号	类别	编　号	书名（书号）	定价（元）
1	基础	JTG A02—2013	公路工程行业标准制修订管理导则（10544）	15.00
2		JTG A04—2013	公路工程标准编写导则（10538）	20.00
3		JTJ 002—87	公路工程名词术语（0346）	22.00
4		JTJ 003—86	公路自然区划标准（0348）	16.00
5		JTG B01—2014	★公路工程技术标准（活页夹版,11814）	98.00
6		JTG B01—2014	★公路工程技术标准（平装版,11829）	68.00
7		JTG B02—2013	公路工程抗震规范（11120）	45.00
8		JTG/T B02-01—2008	公路桥梁抗震设计细则（13318）	45.00
9		JTG B03—2006	公路建设项目环境影响评价规范（0927）	26.00
10		JTG B04—2010	公路环境保护设计规范（08473）	28.00
11		JTG B05—2015	★公路项目安全性评价规范（12806）	45.00
12		JTG B05-01—2013	公路护栏安全性能评价标准（10992）	30.00
13		JTG B06—2007	公路工程基本建设项目概算预算编制办法（06903）	26.00
14		JTG/T B06-01—2007	★公路工程概算定额（06901）	110.00
15		JTG/T B06-02—2007	★公路工程预算定额（06902）	138.00
16		JTG/T B06-03—2007	★公路工程机械台班费用定额（06900）	24.00
17		交通部定额站 2009 版	公路工程施工定额（07864）	78.00
18		JTG/T B07-01—2006	公路工程混凝土结构防腐蚀技术规范（13592）	30.00
19		交通部 2007 年第 30 号	国家高速公路网相关标志更换工作实施技术指南（1124）	58.00
20		交通部 2007 年第 35 号	收费公路联网收费技术要求（1126）	62.00
21		交通运输部 2015 年第 40 号	★收费公路联网收费多义性路径识别技术要求（12484）	40.00
22		JTG B10-01—2014	公路电子不停车收费联网运营和服务规范（11566）	30.00
23		交通运输部 2011 年	公路工程项目建设用地指标（09402）	36.00
24	勘测	JTG C10—2007	★公路勘测规范（06570）	28.00
25		JTG/T C10—2007	★公路勘测细则（06572）	42.00
26		JTG C20—2011	公路工程地质勘察规范（09507）	65.00
27		JTG/T C21-01—2005	公路工程地质遥感勘察规范（0839）	17.00
28		JTG/T C21-02—2014	公路工程卫星图像测绘技术规程（11540）	25.00
29		JTG/T C22—2009	公路工程物探规程（1311）	28.00
30		JTG C30—2015	★公路工程水文勘测设计规范（12063）	70.00
31	设计	公路	JTG D20—2006	★公路路线设计规范（0996）	38.00
32			JTG/T D21—2014	公路立体交叉设计细则（11761）	60.00
33			JTG D30—2015	★公路路基设计规范（12147）	98.00
34			JTG/T D31—2008	沙漠地区公路设计与施工指南（1206）	32.00
35			JTG/T D31-02—2013	★公路软土地基路堤设计与施工技术细则（10449）	40.00
36			JTG/T D31-03—2011	★采空区公路设计与施工技术细则（09181）	40.00
37			JTG/T D31-04—2012	多年冻土地区公路设计与施工技术细则（10260）	40.00
38			JTG/T D32—2012	★公路土工合成材料应用技术规范（09908）	42.00
39			JTG D40—2011	★公路水泥混凝土路面设计规范（09463）	40.00
40			JTG D50—2017	★公路沥青路面设计规范（13760）	50.00
41			JTG/T D33—2012	公路排水设计规范（10337）	40.00
42		桥隧	JTG D60—2015	★公路桥涵设计通用规范（12506）	40.00
43			JTG/T D60-01—2004	公路桥梁抗风设计规范（0814）	28.00
44			JTG D61—2005	公路圬工桥涵设计规范（13355）	30.00
45			JTG D62—2004	公路钢筋混凝土及预应力混凝土桥涵设计规范（05052）	48.00
46			JTG D63—2007	公路桥涵地基与基础设计规范（06892）	48.00
47			JTG D64—2015	★公路钢结构桥梁设计规范（12507）	80.00
48			JTG D64-01—2015	公路钢混组合桥梁设计与施工规范（12682）	45.00
49			JTG/T D65-01—2007	公路斜拉桥设计细则（1125）	28.00
50			JTG/T D65-04—2007	公路涵洞设计细则（06628）	26.00
51			JTG/T D65-05—2015	公路悬索桥设计规范（12674）	55.00
52			JTG/T D65-06—2015	公路钢管混凝土拱桥设计规范（12514）	40.00
53			JTG D70—2004	公路隧道设计规范（05180）	50.00
54			JTG/T D70—2010	★公路隧道设计细则（08478）	66.00
55			JTG D70/2—2014	公路隧道设计规范　第二册　交通工程与附属设施（11543）	50.00
56			JTG/T D70/2-01—2014	公路隧道照明设计细则（11541）	35.00
57			JTG/T D70/2-02—2014	公路隧道通风设计细则（11546）	70.00

序号	类别		编 号	书名（书号）	定价（元）
58	交通工程	设计	JTG D80—2006	高速公路交通工程及沿线设施设计通用规范(0998)	25.00
59			JTG D81—2006	★公路交通安全设施设计规范(0977)	25.00
60			JTG/T D81—2006	★公路交通安全设施设计细则(12609)	50.00
61			JTG D82—2009	公路交通标志和标线设置规范(07947)	116.00
62		综合	交公路发〔2007〕358号	公路工程基本建设项目设计文件编制办法(06746)	26.00
63			交公路发〔2007〕358号	公路工程基本建设项目设计文件图表示例(06770)	600.00
64			交公路发〔2015〕69号	公路工程特殊结构桥梁项目设计文件编制办法(12455)	30.00
65	检测		JTG E20—2011	公路工程沥青及沥青混合料试验规程(09468)	106.00
66			JTG E30—2005	公路工程水泥及水泥混凝土试验规程(13319)	55.00
67			JTG E40—2007	★公路土工试验规程(06794)	79.00
68			JTG E41—2005	公路工程岩石试验规程(0828)	18.00
69			JTG E42—2005	公路工程集料试验规程(13353)	50.00
70			JTG E50—2006	★公路工程土工合成材料试验规程(0982)	28.00
71			JTG E51—2009	公路工程无机结合料稳定材料试验规程(08046)	48.00
72			JTG E60—2008	公路路基路面现场测试规程(07296)	38.00
73			JTG/T E61—2014	公路路面技术状况自动化检测规程(11830)	25.00
74	施工	公路	JTG F10—2006	公路路基施工技术规范(06221)	40.00
75			JTG/T F20—2015	★公路路面基层施工技术细则(12367)	45.00
76			JTG/T F30—2014	公路水泥混凝土路面施工技术细则(11244)	60.00
77			JTG/T F31—2014	公路水泥混凝土路面再生利用技术细则(11360)	30.00
78			JTG F40—2004	★公路沥青路面施工技术规范(05328)	38.00
79			JTG F41—2008	公路沥青路面再生技术规范(07105)	25.00
80		桥隧	JTG/T F50—2011	★公路桥涵施工技术规范(09224)	110.00
81			JTG/T F81-01—2004	公路工程基桩动测技术规程(0783)	20.00
82			JTG F60—2009	公路隧道施工技术规范(07992)	42.00
83			JTG/T F60—2009	公路隧道施工技术细则(07991)	58.00
84		交通	JTG F71—2006	★公路交通安全设施施工技术规范(0976)	20.00
85			JTG/T F72—2011	公路隧道交通工程与附属设施施工技术规范(09509)	35.00
86	质检安全		JTG F80/1—2004	公路工程质量检验评定标准 第一册 土建工程(05327)	46.00
87			JTG F80/2—2004	公路工程质量检验评定标准 第二册 机电工程(05325)	26.00
88			JTG G10—2016	公路工程施工监理规范(13275)	40.00
89			JTG F90—2015	★公路工程施工安全技术规范(12138)	68.00
90	养护管理		JTG H10—2009	公路养护技术规范(08071)	49.00
91			JTJ 073.1—2001	公路水泥混凝土路面养护技术规范(13658)	20.00
92			JTJ 073.2—2001	公路沥青路面养护技术规范(13677)	20.00
93			JTG H11—2004	公路桥涵养护规范(05025)	30.00
94			JTG H12—2015	公路隧道养护技术规范(12062)	60.00
95			JTG H20—2007	公路技术状况评定标准(13399)	25.00
96			JTG/T H21—2011	★公路桥梁技术状况评定标准(09324)	46.00
97			JTG H30—2015	公路养护安全作业规程(12234)	90.00
98			JTG H40—2002	公路养护工程预算编制导则(0641)	9.00
99	加固设计与施工		JTG/T J21—2011	公路桥梁承载能力检测评定规程(09480)	20.00
100			JTG/T J21-01—2015	公路桥梁荷载试验规程(12751)	40.00
101			JTG/T J22—2008	公路桥梁加固设计规范(07380)	52.00
102			JTG/T J23—2008	公路桥梁加固施工技术规范(07378)	30.00
103	改扩建		JTG/T L11—2014	高速公路改扩建设计细则(11998)	45.00
104			JTG/T L80—2014	高速公路改扩建交通工程及沿线设施设计细则(11999)	30.00
105	造价		JTG M20—2011	公路工程基本建设项目投资估算编制办法(09557)	30.00
106			JTG/T M21—2011	公路工程估算指标(09531)	110.00
1	技术指南		交公便字〔2006〕02号	公路工程水泥混凝土外加剂与掺合料应用技术指南(0925)	50.00
2			厅公路字〔2006〕418号	公路安全保障工程实施技术指南(1034)	40.00
3			交公便字〔2009〕145号	公路交通标志和标线设置手册(07990)	165.00

注：JTG——公路工程行业标准体系；JTG/T——公路工程行业推荐性标准体系；JTJ——仍在执行的公路工程原行业标准体系。

批发业务电话:010-59757973；零售业务电话:010-85285659(北京)；网上书店电话:010-59757908；业务咨询电话: 010-85285922。带"★"的表示有勘误，详见中国交通运输标准服务平台 www.yuetong.cn/bzfw。